中国近代新闻学名著系列丛书

芮必峰◎主编

实用新闻学（下）

—— 谢六逸◎编 ——

中国传媒大学出版社
·北京·

實用新聞學

謝六逸編

少頃吾儕乃隨接導者，自休息室魚貫而又入一門。此門之右側，乃清皇室代表（溥倫）休息室，左側乃各國公使休息室，余斜見各使休息室，博冠袞服，已燦爛而煊赫，忘其已畢集矣乎。

休息室中，入後乃分東西兩側面立。國務次長，局長，高等文武官員等立東側，吾輩及銀行團及其他官吏等立西側，議員則居中而立，此處謂之禮堂，即太和正殿也。殿中有一台，『禮堂』二字，即懸於台上，前此寶座交叉於國旗。吾儕立西側最偏，故台中光景不甚明瞭矣。

吾曹入而排班時，金冠藍服持戟之武士，—即導從總統入門者—分向而立於兩側之前。排班既定，贊禮官[illegible]克按照禮單，一一唱贊。其先總統入席立台上（對議員而立，）宣誓—讀宣言書—鞠躬—唱萬歲而禮畢矣。

『余誓以至誠，謹守憲法，執行大總統之職務』，此遵照總統選舉法所定而讀之誓詞也。先是議節單，本定議員亦立兩側，與吾曹同等者。就職之前，曾行禮三日。參議員議長王家襄，於初九日特往爭之於朱啓鈐等曰，『議員係證人資格，不可與行政官同立，宜居中聽總統宣誓，否則將成爲憲法問題』。於是乃改側立者而中立焉。事後又有報館從而論之，謂議員與議院異，議員亦個人，不得於院外行其議員職務。總統仍應向國旗宣誓，不應向議員宣誓。可謂吹毛而求疵矣。

宣言書極長，總統捧而宣讀之，故亦極費時光。總統精神甚矍鑠音吐甚朗，軍服燦然。余左右外人聞讀至『所有前清條約，協約，私約等，一律遵守有效』，爲之欣然。

以余儕立西側最偏，爲大衆所不及見，故中人及日人於鞠躬時頗有闕禮者，惟西人則如禮而鞠躬，有以見忠信篤敬之效，惟歐西人守之最篤也。

務員特別招待，另具請帖者。『武英殿茶會』此五字何等冠冕，不料入殿後，惟見高帽而禮服者，重重叠叠而立，但見人形，但聞人聲，不見食品。余未早食而出門，此半日之食，計全恃此一茶會。乃努力向人叢中窺探，始得見一僕持了滿盤之甜麵包，沿途搶掠，適至余前。余之良心乃命余搶取三塊，分出人叢而立食之。出時，劉成禺，汪彭年湯漪等指余而笑。嗚呼，諸君，乃不知人到饑餓時，其可笑乃有百倍於我者耶。

是日議員到共四百餘人，國民黨人甚多。其餘之不到者，或因雨，或因大禮服沒處借也。

余之一生，乃有二次得見總統就職之光榮。第一次袁總統就職，卽在石大夫胡同迎賓館。適日光景甚爲寂寥，與此日之盛大莊嚴者迥別。二者相較，令人已感知吾中華民國已由蓽路藍縷之時期，入於重熙累洽之時期。此後莊嚴民國之現象亦當若此耳。

囍日日記（民國二年十月十九日作）

參禮畢，約十一時三十餘分。此後爲總統見外交團，見清皇室代表，慶祝員不得見之。余乃借武英殿側內務部招待員辦事處之電話，拍發專電報告，時已十二時矣。

（其二）

十月十日午後四時，余偕友人赴先農壇，觀看第二屆共和紀念會之光景，蓋因是日天雨，殊異常寂寞，然其中之人物風景，實今昔大異。去年之琉璃廠，舉行第一次共和紀念會，陳家鼎爲會長，田桐白逾恆諸人之奔呼忙碌，浪人之雜劇，——女學生之跳舞——長日不息之演說，台上之奇異之演說，今皆不可得而聞見，圍棋一枰，而斧柯已爛，吾輩殆在此觀棋者耳。

先農壇憶係今年新正時開放，先時祭器，並度置爲一古物陳列所，盃缶爐罍之列雜具，余輩不識古董，故無從別其高低，然聞其上者亦已耗散矣。新正時，余曾一往覽，今雜植之柳樹，已鬱然列於兩側，京市人議以此爲公園，今已森森然有公園氣象矣。其對過卽民國唯一紀念之天壇憲法委員會也。

祭室中，以王大縱之對聯最多，一人至三四副，所書縱七豎八，殆先生之親筆耶？記有一聯最佳，云：畫虎僅成皮，願諸公毋忘在莒；墜驢遂失笑，喜今日得見重華。署名陳止恭祝。新烈士之肖像，以此次殉難之余大鴻，湯則賢吳紹璘爲最著，其他武昌革命時紀念諸偉人肖像，似皆雜取商務印書館售品，及太陽雜誌中插畫爲之者，黃興孫文諸像，則一律閉置之於一室焉。

門外有雜戲二座，人甚寥寥，蓋皆因天陰之故。歸途遇李六更先生者，率三四小童，挈共和演說團之旗，振其木鐸，疾走而前。李六更先生之人不可不介紹於諸君，其人手持木梆，署曰木鐸，謂將以喚醒時人，共悟共和眞理，每月輒將演說事蹟，呈報教育部。余一日遇之於途，見其坐一洋車，而諄諄與車夫講說，我們都是一樣的平等的，車夫唯唯不絕，蓋亦今世之一畸人耶。

歸途遇西洋人冒雨而赴者，三五不絕，蓋歐人之於此等場所，最爲注意，以爲是考察此國政治社會之最爲便利所在。余同行之友一憲法委員會委員告余曰，會中因禁絕旁聽，故赴覽者殊稀，然西洋人日輒三四起流連而不去也。

歸後已六時，九時半爲外交部之茶會，請帖用孫寶琦出名，座設外交部新公所，即石大人胡同有名之迎賓館，今正式總統袁公最初之公署也。是日所招待者，各國公使，——公使夫人，——各國銀行團商界報界之重要人及其夫人，——中國之國務員，——各高等官，——議長，——議員，——商界，——報界各種人物，——及是種種者之夫人，胡維德在外部時，曾舉行茶會一次，然未有如是之盛也。

大抵吾曹新聞記者，最喜赴此等宴會，以人物範圍廣，則刺取材料最便也。諸君讀報者一目而下，輒怪某報新聞太少——某記者通信太少，殊不知訪取新聞之難，往往奔走一日，不見一人不得一事者，須知盤中粒粒皆辛苦，此之謂也。惟此等茶會，則新聞記者最大之秋收，自己有吃有喝乃是小事也。

請帖中限定穿晚禮服。是日爲中華民國之二大紀念，一總統就任，一國慶日。在余一身，亦並得二種大紀念，一早間第一次穿大禮服，一晚間第一次穿晚禮服是也。

入迎賓館之門，則見孫總長寶琦曹次長汝霖分立而肅客，一一握手，其右側則比較的舊式之孫夫人，比較的新式之曹夫人在焉，一一握手，記者與貴婦人之握手，自某日陸子欣夫人外，至此爲第二次矣。

孫總長語余，是日天安門閱兵成績極佳，外使甚欣賞，閱後約余（孫君自謂）同往照一相爲紀念，數語後，余乃退入客座。則見峨冠而博服者，——勳章纍纍者，——金紫而佩刀者——玉冠霞裳舉步而搖者，已相織而成一人每令人有人間何世之感也。

是日各國務員，及大抵之高等官，並得授勳章不等，故華人中，除吾曹白丁者外，大抵皆佩服纍纍然。吾入時見汪教育總長，正與一人論勳章當內束或外束事，謂晤熊總理云，見一書當內束，而陸子欣云當外束，後又有人云見一書有時可內束可外束，聞者爲之哄然。

後乃相率入樓，電光熌爛，照耀人身之金紫，併成異色。余入一室與一友人論一事，見有瞽目之一西洋人扶一相者而入，友人告我曰，此匯豐之總支配人，綜攬東洋財政之大權，其目卽以銀行故而有疾者也。嗚呼余輩之不盲者愧死矣。

樓上音樂大作，貴賓男女各合而跳舞，男女各一，然不得夫婦自爲之，必求其所熱識之男或女爲之，無者則介而求之，——凡跳舞人，一堂中共數組，或十數組，隨音樂低昂，不得亂節，——凡跳舞之婦，大抵袒半臂，男者不得觸其胸，觸其裙，否則大失敬，——凡跳舞有種種名，今夜所演者，大抵兩步轉法，或三步轉法，謂兩步一轉身，三步一轉身也。

一友爲之大感服曰，西洋禮法最佳，此等社交，樂而有禮，男女和合，故最能怡悅心情，較之中國人每會必爲牧豬奴等戲者大異矣，故必此等社交發達，而後風俗移易，此醉心歐化者之說也。

是日跳舞蓋十數次，凡一次以音樂一節爲起訖。某西洋派云，是日音樂太簡，故不能極跳舞之妙也。

華婦中以天保（西醫）之夫人跳舞最多，男子中則見外交部參事顧維鈞（卽唐紹儀之東床）亦時上下其間，日本夫人中則水野參事官之夫人與一西洋兵官合組，劉戒禹之夫人亦在其內，劉夫人乃美籍也。

劉君語我，彼在美國學跳舞三月不成，其師罷去，余笑語以君體段而可跳舞，則眞天下無難事矣。劉君極魁梧，而其夫人乃極清臞，余頗悵是日陸子欣夫婦未到，蓋陸君極清臞，而其夫人極肥碩（法國籍），與劉君夫婦正天然一絕好對照也。陸君是日爲總統就任時之大禮官，或因贊禮勤勞，闕不赴席歟。

中國貴夫人中之至者，有顧維鈞夫人即唐紹儀女公子，有唐在禮夫人謝天保夫人，其他余多不識，蓋皆社交界之花也。梁士詒 其夫人後至，其夫人仍舊式服飾，女公子後焉，大有老氣橫秋之概。

樓上下皆置食堂，任客立食，取之不盡，用之不竭，與武英殿中茶會大異，畢竟是外交部外交能手也。

此室至十二時後乃紛紛散去，歸而酣寢，夢見種種，以是日一日生活甚爲複雜故也。

十一日上午天晴。

出門，見市中光景與昨日大異，繁華熱鬧，不可殫述，各城門外之牌樓，各衙署，各大商店，彩樓瑤樹，與旭日相映射，行人立觀者人山人海，總統府綵樓最富麗，並結彩紙燈於樹，約十丈外，外人之金冠禮服赴府道賀者不絕。

是日情形，一言敝之曰，繁華熱鬧而已，故不具述。午後過東城，觀英人哈密斯敦馬戲，藝人至能於自由車上翻筋斗，至能反輪而跳，至能於車上作種種舞，至能調馴虎象令隨音樂之節以舞。座中華人最稀，可見是日人事之忙。余獨念中國今日亦必有如此之馴獅伏象奇材異能，或有濟耳。謹拜手以賀曰：正式總統萬歲，中華民國萬歲。

新聞記事的分析，必先蒐集材料，以上所舉各例，均爲優良的文字，可供玩味。

問題：

任取上海發行之報紙一種，依照本章所述各項，分析其各種記事。

（注意）可取某日申報一份，將各條新聞記事剪下逐一加以說明，例如某種爲平面記事，某種爲立體記事，愈詳愈佳。

（本章已完）

實用新聞學

謝六逸編

第九章　新聞記事的構成

新聞記事由三部分組織而成：（一）標題（Headline），（二）撮要（Lead），（三）本文（Body）。不問新聞記事的來源爲通信社稿，電報，訪稿；不問新聞記事的種類爲平面的或立體的，其構成總不能逾此範圍。故凡報館記者或通信員，必須訓練此三部分的寫作。

左列第一例，其本文敍巴黎全夜的暴動，來源如路透社，哈瓦斯社的電稿，經報館中的國際新聞編輯員編排，加以各種標題，然後付排。此例有「標題」與「本文」，而無「撮要」。

（例一）

標題	
法政府卒護勝利	←肩標題
巴黎全夜大暴動	←正標題
達拉第以幽默臨騷擾	←附標題
最後卒保全新閣壽命	←附標題
議會之紛擾	←分段標題

△路透社六日巴黎電，總理達拉第今日在衆院宣讀新政府大政方針宣言時，會場中怒罵歡呼之聲，震耳欲聾，致不能卒讀，此實法國實行國會制以來所僅見，議長乃宣布停會十分鐘，迨重行集議時，諸議員意態仍甚激昂，達拉第以幽默之姿勢，保全大局，當諸議員回會場時，達氏持帽上下玩弄，彷彿欲曰『諸君，爾曹苟靜肅，則吾人可進行會議，不爾則余將戴帽復退也』。

(分題)　會場中充滿喧擾聲

(分題)　首次聚集宣讀宣言

衆院首次聚集，喧囂之聲，幾卽發作，當閣員入場時，內有數人，左黨迎以歡呼聲，右黨則加以叱辱聲，另有數人，則叱辱者爲左黨，歡呼者為右黨，達拉第宣讀宣言時，左黨歡呼而右翼叱罵，諸議員正在魚貫而進時，有社會黨與急進黨議員數人攻擊右黨議員數人，會場衛士費盡氣力，始將雙方分開，旁聽欄中，座為之滿，且在距國會百碼處嚴愼驗視入場券，無券者概不得闖入。

(分題)二次集議提出質問。

第二次集議後，達氏讀畢其宣言，並以僅許反對黨四人提出質問為信任問題，宣言中除表示維持金本位與國際合作之決心外，並允以國會委員會查辦史達維斯基騙案，達氏又大聲言及當此全歐阢隉分裂之際，國防至為重要，吾人不得昏瞀委蛇，負任令法國隨全歐陷入新浩劫之咎，至於國會制度，自宜善加擁護，會計制度，必須革新，豫算案決當於三月三十一日通過。

(分題)最後卒通過信任案。

達氏致詞畢，諸議員乃於辯論後以信任案付表決，而經三〇〇票對二一七票通過，新政府之壽命，賴以保全，衆院即宣告散會。

(分題)參院滿意施政方針

△哈瓦斯社六日巴黎電，司法部長貝朗西代表政府出席參議院，宣讀內閣施政方針書，參院左派議員對於宣言書中述及業已進行之澄

清工作一段，熱烈鼓掌，對於內閣之經濟政策，全體皆贊同，外交委員會主席貝朗熱宣稱，外交委員會鑒於德國歐洲及全世界所處狀况，切願法國軍力勿再減少，渠已致函達拉第總理，告以此意矣云云，全體議員，聞言皆熱烈鼓掌。

〔巴黎之示威〕——→分段標題

(分題)〔薄暮時示威者出動〕△路透社六日巴黎電，在全日空氣緊張之後，巴黎職工於薄暮時絡繹離其辦公所與工場，一小時後，街市中已滿集示威者，時以玻璃器向騎巡擲擊，道旁羣衆，復燃放爆竹以助聲威，是時騎巡尙以善態維持秩序，未幾，有共產黨縱火焚燒烟草店，民衆閱報架與摩托街車，於是形勢轉緊，衛兵等不得不出刺刀向擲石之暴動者衛逐，但卒以衆寡不敵，乃向後退，暴動者逐步進逼至衆院外之鉄欄前，於是法政府乃處於重圍之中，當時雖有受傷者數人舁入院內，但院內無一人得許外出，維時有右黨常議會議員若干人沿聖伏里路而下，冀列身羣衆之前。

(分題)〔晚間暴動〕最劇烈之暴動，發生於晚間協和橋之戰鬥，暴動者勢如潮湧，警察

（題）**愈益劇烈**。與共和保衛團力不能抵禦，暴動者既佔據該橋，乃使警察陷於困境，而無法遏止火焚摩託街車與私人汽車之暴行，城中其他部分亦有羣衆縱火，並以石擲警察支隊，又搗毀有歷史價值數街道之咖啡館，福波聖賀諾爾街中滿播受傷之人，玻璃碎器與染有血漬之衣服。

（分題）**四大黨爲暴動主腦**

暴動之主腦，爲保皇黨，產業革命工團，共產黨，社會黨等，其本黨之報紙均慫恿彼等竭力反對史達維斯基等舞弊案。

（分題）**各種商店紛紛遭砍**

暴動首先發作於市政廳前，羣衆大呼『打倒政府』，『打倒夏浦』，咖啡館主人見衆勢洶洶，急將道旁之椅案收拾一淸，各商店亦紛紛閉門，而將一切玻璃器收藏，晚間九時，暴動者一隊縱火焚燒協和街與王街轉角之海軍部，消防隊聞警由密集羣衆之各街道馳至，於三十分鐘內將火救熄，但已燬屋數間。

（分題）**騎巡暴衆開始惡鬥**

晚十一時有步兵兩大隊駐於衆院之前，兵士皆攜有乾粮，俾得澈夜長駐，把守協和橋之警察，爲暴衆逼退數步時，曾開手槍，繼乃開始惡門，騎巡曾衝鋒六次，路透訪員至少曾見騎巡十五人頭顱為暴衆以棒與石擊破，雙方迭進迭退，如惡魔之混鬥。

（分題）退役軍人參加鬥爭

暴動之後半部，為退役軍人與共和保衛團之互鬥，退役軍人於晚九時四十分列隊蒞場，以持旗者為前導，頓時發生毆鬥，該地有消防隊之皮帶二條，向之射水，但舊日之戰士不為稍屈，協和街有摩託街車二輛，火勢熊熊，無人過問，街中滿播[illegible]帽破衣碎玻璃杯等物，當時羣衆叫號聲與喇叭聲中，雜以一種奇異之尖銳聲，蓋煤氣燈被碎，煤氣自內洩出也。

（分題）午夜以後始漸肅清

協和街經持手鎗之警察沿路開鎗驅逐羣衆，直至午夜，始告肅清，各街道臥有受傷者數百人，內有數人傷勢甚重，本日警察曾竭力自制，但在暴衆衝攻協和橋時，遊巡隊曾開排鎗數次，致斃女子一名。

（分題）里昂各地亦有騷亂

本日里昂馬賽列里南錫等若干處均有不威運動及小騷亂。

（分題）今晨猶有餘衆未散

今晨（星期三日）一時三十分，總理在內務部舉行軍事會議，內政部長佛羅特諸閣員均出席，佛羅特曾致詞中謝警務人員彈壓暴動之出力，今晨一時四十分，協和街諸均安靜，惟王街等處仍有暴衆示威未散。

（分題）當局發表處置文告

△路透社七日巴黎電，今晨（星期三日）當局發表文告稱，昨日騷亂中，死六人，受傷須入醫院者四百人，其中示威者與警察各佔半數，受微傷在家療治者，不計其數，當騷亂之際，被捕者共三百五十人，將控以犯挑釁謀殺與同謀妨害國家安全之罪云。

路透社七日巴黎電，新任巴黎警廳長西波下令禁止在各街道遊行與聚集。

路透社六日巴黎電，總理達拉第深夜發表一文，詳述暴動事，謂此乃某種政治團體反對共和制度，暴力政變之企圖，暴動攜有刀鎗，攻擊警察與衛隊，祥察被捕諸人，證明此乃不利於國家安全之暴烈舉動，幸防衛得力，騷亂者未達其目的，政府决以合法手段保障人民之安全，與共和制度之獨立，希望全國人士與以合作云云。

左列第二例其來源爲「訪稿」，由記者加上各種標題，然後付排。此例爲新聞記事的完全形式，因「標題」，「撮要」，「本文」三部分均已完備。

（例二）

汪精衛昨來滬 ← 肩題

邀集中委會商時局 ← 正題

訪晤財孔並敦促宋子文入京 ← 附題

招待記者發表談話當晚返京 ← 附題

中央處置閩變已定三項辦法 ← 附題

撮要

行政院長汪精衛，偕同鉄道部次長曾仲鳴，前晚乘十一時夜快車出京，昨晨七時正，抵南翔站下車，逕乘汽車，返西蒲石路私邸休息，八時半，至西愛咸斯路，訪晤財政部長孔祥熙，下午，在褚民誼宅，接見蔡元培，宋子文，李石曾，吳鐵城等，交換時局意見，晚九時半，招待各報社記者，發表談話，旋偕曾仲鳴於晚十二時，乘平滬通車返京，各情分誌如下。

（分汪訪財孔題會商財政）

財政部長孔祥熙氏，離京業已週餘，汪院長以邇來閩局緊張，在在需費，故於昨晨抵滬以後，略事休息，即於八時半許，前往西愛成斯路，訪晤孔氏，面商財政問題，直至十時許，始行辭出，汪孔兩氏會晤之結果，對於財政問題，業已商得辦法。

（褚宅召開重要會議）

汪院長旋於昨日午後二時許，在亞爾培路褚宅，邀集蔡元培，宋子文，李石曾，吳鉄城，各中委，會商處置閩亂，召開四中全會，及全國經濟委員會進行計劃等各項重要問題，直至傍晚始散，晚間十時許，接見顧孟餘等各中委，會談約一小時許，直至十時二十分，汪院長始離褚宅，前往北站，偕曾仲鳴登車返京。

（來滬任務係訪孔宋）

汪氏於晚九時三十分，在亞爾培路褚民誼宅，接見各報社記者，汪氏首稱，此次來滬，乃乘星期假日，訪晤孔部長，宋子文委員，及其他各中委，因孔財長多日未晉京，對於財政各事，諸待商洽，晤宋專爲討論經濟會進行各事，與其他各委，則交換時局意見。

宋子文氏即將入京

宋子文委員，已允於二十日前晉京，出席四中全會，至國內財政，雖因閩變而略受影響，但經孔財長之努力籌措，刻已有相當辦法，行政費用當力事緊縮，俾得勉渡難關。

解決閩事三項辦法

中央對於解決閩局，決定三項辦法，卽（一）將此次是非曲直，盡量爲公正之宣傳，使全國民衆，完全明瞭，閩方政變，其表面口號，爲不滿意中央措施，本人係行政人員一份子，對於現在內政外交之措施，決不敢信滿意，但一切

有話可說，如不滿中央，儘可用正當方法說明，決不能聯絡共產黨來倒中央也，(二)

(三)爲中央派軍準備，卽在閩省邊境，調駐重兵，嚴防叛軍亂竄，至於將來究竟先由中央軍先行向閩進攻，仰待閩軍侵北時予以痛擊，此乃軍事行動，本人未便表示。

希望胡氏起而制閩

胡展堂先生，向來堅決反對容共，故對於此次閩方聯共行爲，不應僅表示不贊成而止，應更進一步協助中央，共籌如何消滅閩亂之道，當民國十六年十二月十一日，張發奎部之一部份軍隊譁變聯共，陷佔廣州，張氏旋與陳公博諸氏，竭三晝夜之力，仍將粵省收復，張氏收復粵省之功，似可稍贖疏忽之罪，但胡展堂先生對於張氏，仍加以嚴厲之責備，玆者，閩方聯共叛黨，組府改元，其罪不僅疏忽，故我人深望胡先生能起而設法消滅也。

軍事當局決不能走

西南方面前曾電京，要求軍政當局辭職，以求解決一切糾紛，惟本人以爲，軍事當局致力於剿匪，刻方進展順利，設若一旦軍事當局離職，過去軍政集於一身，茲則軍政分治，決不能以軍政之責任，集於一身也，至於本人，則隨時可走，年來外交與內政，雖未做好，但此非人的問題，乃係辦法的問題，如誰有好的辦法，本人決可退而讓出，西南各中委，恆以「抗戰到底」相標榜，惟此乃志願，並非辦法，全國國民，現均同此志願，所要者乃辦法耳，更有進者，有了辦法，倘求願意擔當，如有了辦法而不願擔當，則吾人之責任，將交與誰歟，故本人在有辦法與肯擔當的條件之下，隨時均可卸職，並願留京幫忙，卽書記與錄事之卑職不顧也，惟軍事當局，則決不能走。

張等南下負使命

張繼馬超俊各同志，此次南下，負有兩種使命，第一，爲敦促在西南各中委出席四中全會，第二，爲商議解決閩亂辦法，閩方聯共，故西南不致聯閩，但若閩方能放棄聯共政策，則爲另一問題矣，外傳西南主張在滬召開四中全會預備會之說，並非確詞，倘西南方面，如有此項提議，中央或可加以考慮，總之，我人觀諸過去之歷史，決無借外力以倒政府。

通車通郵並未進行

華北通車通郵問題，始終並未進行，將來設若進行，自當公開，決不秘密，新疆督辦盛世才，與蘇俄訂約之事，眞相未明，刻正加以調查，如果有其事，中央當然決不承認。

實用新聞學

謝六逸編

左列第三例，新聞的來原爲通信社稿，「標題」只有兩行，本文不分段，亦無「撮要」。窺其內容，爲汪氏個人的報告，故編輯記者不加撮要，不爲分段，可使閱者一氣讀下，用意亦善。惟此種方法，不可爲訓。如能詳細分段，每段加上「分題」，則更顯明易讀。

（例三）

汪院長報告生產建設 ←正題

在行政院紀念週 ←附題

【南京】行政院十九日晨紀念週，到全體職員，汪兆銘主席，報告生產建設，爲今後努力方向，略謂，十一日與蔣委員長聯名通電重申救亡圖存要旨，注重治標莫急于剿除共匪，治本莫急于生產建設，在國府紀念週之中，述其旨趣，剿匪在過去一年中，蔣委員長督師南昌，調度得宜，將士用命，確得不少進步，除戰略優勝戰術敏活外，碉堡建築與公路開闢，亦其制勝之重要原因，循此以往，鍥而不舍，必能確有把握，至于生產建設，不但要人才，且需要物力，以中國經濟落後現狀，國內應行建設之生產事業甚多，能見實行甚少，自不免使人氣喪，甚至懷疑所謂生產建設，徒託空言，現在全國各機關，僅有維持費，並無建設費，在剿匪期間，卽軍隊之建設費，亦無着落，所以對生產建設，前途遽抱樂觀，實在過早，但充實民力發展國力，除生產建設，並無第二條路，吾人不能不于萬分拮据之中，籌畫進行，縱無大規模，至少要從小的做去，不能行新計劃，至少要整頓舊的，不能從積極方面謀發展，至少要從消極方面掃除積弊，盼望以不斷的努力，積少成多，不敢說兩年來成功多少建設事業，但時刻都抱此決心，爲生產建設盡責任做工作，今且就鐵路交通兩方面，舉例以明生產建設是一種實在之努力，是過去已努力之事實，是今後要努力之方向，絕非僅標語口號之宣傳，先講鐵路，鐵路爲全國交通之命脈，故政府在最近兩年來，對此種工作，一爲整理鐵路，一爲興築新路，計先後修築最重要者，一爲民二十三以來從未接築自兩廣達長江之粵漢綫，今已動工，三年之內，可望完成，二爲通陝甘之隴海綫，預算本年雙十節前後，可達西安，三爲通長江上下游之浙贛湘綫，此爲完全新築者，粵漢成則中部南北有直通之幹綫，隴海成則西北有開發之可能，浙贛湘一綫成，則東南數省經濟文化之密接，都較便利，此外如隴海綫老窰碼頭之建築，京滬綫上海北站之修復，首都輪渡工程之完工，浙省杭江鐵路之告成，以及其他由民間經營者尙多，於此有須注意者，修築鐵路，必需鉅款，在經濟落後之國家，此種鉅款，惟有募借於資本充裕之國家，旣要招致外人投資，則對於今後之投資，不能不明示其保證，故政府對於鐵路信用，頗爲重要，在一定條件之下政府極願與外資合作，並願盡力維持信用，保障投資人之利益，以前欠付外人鐵路債務，政府確有於維持兩方利益之下，加以整理之決心，最近兩年中對鐵路各種債務，無論中外，皆定有相當之整理及償還辦法，國有鐵路債務，無論中外，皆定有相當之整理及償還辦法，國有鐵路債務舉其要者，約分(一)合同借款，(二)材料借款，(三)短期借款三種，關於第一種，計津浦京滬滬杭甬道清汴洛各路之積欠，皆有相常之償還辦法，並已先後實行，北寧路之債務則均照合同履行，關於第二種，計兩年來各路之材料欠款，已整理而有償還辦法者，計英美等國商家債務，共有一萬萬元，第三種短期借款，多欠本國各銀行，亦皆有相當之償還辦法，並皆已次第實行，外國債權人，往往對中國鐵路不能按期還款付息，嘖有煩言，政府對於債務拖欠，當然表示歉意，但有兩點，希望債權人注意，一，鐵路債權人須知因一時時局影響，債務致有拖欠，此乃各國常有之事，中國鐵路財務不振，原因甚多，不能盡歸各於某一事或某一人，嘗有數路建築未終，歐戰遽發，款項不能依照合同繼續募集，因之工程中輟，然已投之資，仍應逐年計劃，鐵路財務狀況，遂陷於極端困境，此其原因，皆在歐戰之暴發，既不能責備債權人，亦不能責備中國政府，又如世界銀價跌落，及最近世界經濟衰敗，致中國鐵路一方債額增多，一方收入減少，直與天災無異，任何國家，無力制止之，不能獨責中國，其二，鐵路債權人，須知中國政府並非賴債，不過清理債務之前提，端在鐵路之整理與復興，如鐵路整理復興，收入增多，則債權人之利益，自可保障，所以要整理鐵路償還債務，非債權人與中國政府，切實合作不可，次講交通，交通事業之最重要者爲郵電空，近年民用航空亦交通事業之一，就郵政來說，我國舉辦新式郵政，迄今六十餘年，其規模制度，本極發達，且年有盈餘，但近年水災匪患，益以東北事變，故郵政經濟，虧損達一千萬之鉅，內部業務，亦漸形退化，政府年來悉力從事於郵政本身事業之整頓，及儲金匯兌事業之發展，以現在之經濟狀況，而欲整頓郵政本身事業，唯有採取緊縮政策，節省經費擴充業務，據交通部報告，去年六月底止全國郵局達萬二千餘所，信櫃代辦所達三萬二千餘處，郵程四十九萬公里，本月度內，更積極進行添設，預計再過半年，至少展長郵路百分之五，並推及邊疆，至發展儲金匯兌，則注重保障儲戶利益，故政府決定將儲匯改隸郵政，但仍保持其專業發揮之優點，會計獨立，不使與郵政賬目相混，同時更設監察制度，以便人民公開監督，對於投資限制甚嚴，雖全部法規尚待立法院之通過，事實上已次第見諸實行，就電政說，一年來電政之整理與發展，分國際電信與國內電信，國際電信從前全靠外商經營之水綫，以爲聯絡，自眞如國際大電台落成後，我國始先後與美法德瑞及馬尼拉爪哇西貢香港等處，以無綫電直接通報，一方面改訂大東大北太平洋公司在中國經營水線合同，收回電報收發權，一方面添闢中美電路，開放中俄電路，對於英國直接通報，復因兩國間商務之繁盛，另於眞茹國際大電臺外，特別增設中英電臺一座以供專用，此外復在洛陽設置規模與眞茹電臺相等之國際支臺一座，現正建築，不久亦可落成，至國內通報，有綫電方面因頻年兵匪風災，破壞甚多，一年中計修復桿綫五千餘里，就中最重要者，爲漢渝綫路，計長二千五百里，爲我國中部與川藏通訊要道，不久即可完工，此外首將各處舊式報機，改裝新機，一年來改裝完竣者，已有五十餘處，無綫電方面，過去設置無綫電，偏於重要都市，一年來則注重於邊疆之聯絡，確立邊疆電台計劃，本年中成立通報者，有西安章嘉兩台，一則發展西北電訊交通，一則使蒙旗與中央保侍聯絡，至新疆西蒙原擬各設八台，一切均已預備，惜以地方未靖，暫停進行，其他察綏陝甘青甯及川康諸地，或已裝設，或在籌劃，一年內當可實現，電話方面，一年來注重長途電話與市內電話之聯絡，發展計劃就緒者，有京漢京津京杭三大幹綫，興築將竣者，爲京滬沿公路增築之綫路，業已完竣者爲南撫綫與平察線，並在蘇浙皖豫魯冀六省，利用電報桿綫，開放電話，已達三百餘處，近計劃江蘇全省設置電話網，第一期已興工，至京內電話，一年中改良擴充者，計滬漢津青蘇鄭鎮七處，滬成績最佳，此外更利用無綫電話，以謀交通之改進，國內先舉辦京漢福州等處通話，至於國際電話，其設備亦已裝置完成，一俟試驗成功，即可開放，就航政說，則爲中國之奇恥大辱，不論內河外海，均爲外人所包辦，我們僅有之基礎，惟江南馬尾兩船塢，與一招商局而已，江南馬尾兩船塢規模不大，而招商局以經管不善，遂致破產，其餘民營航業尤屬幼稚，航政建設，需費至鉅，每一輪船所耗千百萬金不等，政府唯有先將招商局收歸國營，從事整頓，一年來除將該局股票收回幾及全數，並設立債務清理會，對於業務積極改革，僅上半年營業收入，已達三百六十六萬元，至民用航空事業，係由中國歐亞兩航空公司經營，開發中航公司，一年以前，所通航綫，僅滬漢及滬平兩段，一年來積極發展滬漢航綫，已擴充至成都，前曾停辦之滬平綫，則改爲沿海航綫，此外更增設一沿海之滬粵綫，營業均極發達，最近更着手由成都展設航綫聯絡貴陽，昆明諸處，幷已試航一次，歐亞公司歐亞航綫，係自滬至塔城，由塔城與蘇俄航綫聯運，經莫斯科至柏林，上海至迪化，初曾通航數月，嗣因新省政局紛擾，復又間斷，今只通至蘭州，現仍繼續設法，期其恢復，此外更由歐亞公司增設支綫，一自蘭州至西甯甯夏，一自迪化至伊犂，一自迪化至搭什干，至西安至北平一段，則已通航，最近復增設自廣州經漢口至西安一綫，粵漢段業已試航成功，只俟廣州機場建築完竣，卽可通航，以上僅就郵電航及民用航空事業，舉其大者觀之，此項事業機關之整理，一年來極力注意於合併電政機關，期將電報設有綫電無綫電參差不齊之機關，併成有系統的組織，其次整理會計，積極設法，以新式之會計制度，適用於四種事實，除擬定各項會計制度外，更聘用中外會計師，對于各機關實行查賬，使其賬目公開，已實行者，計有歐亞中航兩公司，其他機關亦將分別開始舉行，其三，整理人事與業務，在郵政則使其人事制度，趨于合理，於電政則裁汰冗員，增加工作效率，更減低電費，謀人民之便利，以推廣業務，總之，一年來政府整理郵電航空四種事業，困難極多，只有以繼續不斷之努力以赴事功，不敢稍懈，以上略舉鐵路交通兩方面建設之工作，由此可見眞電所謂生產建設，不是一種宣傳，乃要切實去做，今後只有集合國力，邁步做去，至於外交方面，有人指摘政府軟弱無能，政府全不答辯，因此等指摘，如出於熱心的批評，政府不忍答辯，如出於惡意的汚衊，則政府不屑答辯，欲矯正此等軟弱無能，惟有充實民力，發展國力，惟有努力於生產建設，就抵禦強鄰說，不外乎此，中國從前所有虛憍的心理以及僥倖的企望應徹底一掃而空，就維持國際的同情說，也不外乎此，有人問我，中國今日應取何等的外交方針，我決然的答道，修明內政，便是中國今日應取的外交方針，因爲有修明內政，纔能使人看得起，纔能使人願意和我們做朋友，除此之外，合縱連橫，是自取滅亡，故我們認定外交只是內政之一端，在內政上努力於奮鬥有爲，在外交上纔能脫離軟弱無能的苦境，我們事以繼去年儉電之後，再以本月眞電，重言申明，其用意不外乎此。

「標題」・「撮要」，「本文」三部分，有密切的因果關係，故美國新聞界有「一所三見」(News is three times told)之語。「標題」爲全文的精華，如人體的頭部。事忙不及遍閱全文者，單看「標題」卽可知消息的梗概。「撮要」爲「本文」的提鍊，卽由「本文」壓縮而成者，其位置如人體之頸部。不暇詳閱本文者，單看「標題」與「撮要」亦可得全部事實之三四。此種形式，倡始於美國，在歐戰時普及全世界。實爲現代新聞記事的完美形式。

實用新聞學

謝六逸編

第十章 「標題」的寫作

標題(Headline)的應用始於何時，已不可考。美國在南北戰爭以後，各報紙已注意其標題。其後普於世界各國，時至今日，標題已至最發達最完整之時期。

標題之爲用，最初不過表示新聞之種類。在今日，標題已成爲新聞的結晶，使新聞記事的內容，一目瞭然。所以標題寫作的巧拙，足以影響新聞記事的本身。在製作紙面時(卽大樣)，實握有重大的支配權。標題又名 Bulletin advertiser，就是因爲它能代表報紙的品格。報紙之需要標題，與婦女之化粧，其重要相同。

美國威斯康辛大學教授格林•弗蘭克博士在某次宴會席上(一九二五年十一月二十七日)，曾說明標題之重要性如次：「在讀者方面，注意標題的人，較之注意記事的爲多。試看許多的輿論，都是由標題而製成的。所以我們應該知道伏案寫作標題的新聞記者對於社會的影響實爲重大」。現代的報紙，最足以誘惑人心，喚起輿論的東西，就是標題。

寫作標題之前，必應考慮的事項，約有四端：

(一)報館的地位(指寫作新聞記事及標題時)

(二)一般讀者的興趣。

(三)一般讀者的品格。

(四)利用鉛字的程度(卽酌用字碼)

寫作時應加注意之點，約有十項。

(一)標題中應含有正當的意義，是一種隙述。

(二)標題的作用是宣布，而不是質問。

(三)應正確地捉住新聞的要點。

(四)表現應明快直截。

(五)用「字碼」須適當，文字應適宜，排列宜匀稱。

(六)應如廣告一般，引人注目。

(七)喚起讀者的興味。

(八)應爲「證實」而非「否定」。

(九)標題必含有動詞。

(十)文句之構造須合於邏輯。

我國徐寶璜氏論標題寫作時應注意之點有九項：

(一)在未造題目之前，應先將新聞中之重要事實，淸淸楚楚明明白白看出來。

(二)題目當以重要事實爲根據，旣不可張大其詞，亦不可加以評論。

(三)題目當根據於撮要中之事實，因如此則一新聞之詳記，雖因故概被削去未登，而其題目仍可勿須改編。況一新聞中之重要事實，又大抵於其撮要述出耶？

（四）引人注意之新聞精萃，應於正題中提出之，因正題之字，不僅大於新聞之字，且常大於附題與分題之字，而又列於前端，故佔極優越之地位也。

（五）正題之意思如已明瞭，且已盡述新聞中之重要事實矣，則可勿須另有附題或分題，否則可用二者，或二者之一，以補足其意思，或其所未經提及者。

（六）題目中均不可用含糊之字，因不惟使新聞之內容難明，且足減少其爲廣告之價值也。

（七）新聞題目，與書名有別，書名僅略示書中之內容，至新聞題目，則須表示一定之動作，使人一望而確知其意義。

（八）新聞題目，不宜用發問式表出之，因按理新聞紙乃以供給新聞爲職務，不應登載未經證實之傳言也。

（九）應謹防毀人名譽之記載，以免發生訴訟。例如當某甲「僅被控」謂曾殺某乙時，切不可因地位有限遂簡稱「某甲殺某乙」也。

徐氏之言，可補前說之不足，深可玩味。

標題之形式，在今日已無定格，頗有光怪陸離之概。但標新立異，怪誕不經者，當不足爲法。普通形式，略舉如左：

(甲)正題一行，附題一行

(例) 錦州義軍大捷 ←正題

殲敵百餘獲械頗多 ←附題

(乙)正題一行，附題二行

(例) 國聯調查團由瀋赴連 ←正題

李頓等與藍溥生會見 ←附題

海圻艦奉派赴連迎候 ←附題

（丙）正題一行，附題三行

（例）　視察閘北與接收眞茹 ←正題

昨晨視察鉄路以北區域 ←附題

昨日會議接管眞茹辦法 ←附題

預定接管吳淞等區程序 ←附題

（丁）正題一行，附題四行

（例）　日新內閣正式成立 ←正題

昨開首次閣議討論今後政策 ←附題

荒木留任陸相引起各方反對 ←附題

——一流政治家觀望不前 ←附問

——料新閣壽命未必能永 ←附題

（戊）肩題一行，正題一行，附題一行

（例）蔣鼎文下令 ←肩題
各部隊向運城猛進 ←正題
限一週內到達 ←附題

（己）肩題一行，正題一行，附題兩行

（例）市府暨各處局 ←肩題
開始遷往新廈 ←正題
定元旦日舉行開幕典禮 ←附題
市府通飭全體職員參加 ←附題

（庚）正題一行，附題兩行，但排法特殊者。

（例）平瀋通車交涉 ←正題
許文國與太田等在北載河會談 ←附題
▣——▣ ←線條
商定聯絡運輸事宜 ←附題

（辛）特殊標題

（例）

與世相忘之一

小笠原羣島

爲太平洋上之關鍵

國際風雲中所

當注意之一事

標題所用之字碼（卽鉛字體之大小），如以申報作例，應照左式：

（一）正題（字碼普通用四行字或五行字，最重要者用六行字，但甚少見。）

（二）附題（二號字，三號字均可用。）

（三）肩題（二號字，三號字均可用。）

（四）正題用頭號字，肩題附題有同用二號字者。

（五）長排〔標題佔兩皮（卽欄）或三皮地位〕

(六)短排(標題佔一皮地位)

(註)四行字即每一鉛字之横闊佔正文四行地位,餘類推。

(長排之例)

觀物思人難圓破鏡

康克令女郎香巢被毀

══夫婦既已分飛雙方各無拘束══
══姚文輝已不及此竟破壞一切══

——結果得損毀與竊盜兩重罪名——

此標題佔十二皮(攔)中之三皮地位,注意附題之排式。

（短排之題）

國際橡皮協定

六日一月起實行

影響價格頗可慮

標題寫作，宜注意修辭，否則不能動人。標題的修辭亦無定格，全憑記者平時的學力與熟鍊。茲舉各種修辭之例如左，以窺一斑：

（一）數字標題

（例）　去年洋烟酒輸入驚人 ← 肩題二號字

價達千萬餘金元 ← 正題四行字

國人頹廢日趨奢侈所致 ← 附題二號字

滬埠竟占全國三分之一 ← 同　右

(二)驚嘆標題

(例) 險哉險哉 ← 頭號字

中華獲中葡杯 ← 三行字

結果三對二中華先勝後敗 ← 三號字

鍾勇森獨進二雙厥功殊偉 ← 三號字

(三)平叙標題

(例) 海軍次長 ← 頭號字

陳季良抱恙返滬 ← 四行字

患病原因全係操勞過度 ← 頭號字

搭海容艦回滬明晨抵埠 ← 頭號字

(四)成語標題

(例一) 武信芬妻弟 ← 三號字

葛昭生妾寄跡逆旅 ← 頭號字

揚州青樓銀菊花 ← 二號字

移花接木陸季山 ← 二號字

(註)此例修辭甚爲拙劣

(例二)

桃紅色的

女同學同樂大會 ← 頭號字

一個個欣喜得眉飛色舞 ← 三號字

全會場充滿了燕語鶯聲 ← 三號字

△……………………▽ ← 點線

王校長說，你們都是年青人 ← 四號字

(例三)大學畢業生 ← 二號字

窮途潦倒墮法網 ← 頭號字

為了百元賞洋竟偽造文書 ←三號字
案發被拘痛悔結交劣友 ←三號字

（五）刺激標題

（例）轟動濟垣之 ←二號字
井中發現女屍案 ←頭號字
捕獲凶手案情大白 ←三號字
孫蘭亭掐死孫史氏 ←三號字

（六）複雜標題

（例）不尚空談專務實際 ←三行字
挽救軍縮末運 ←四行字
總委會於緊張空氣裏集會 ←頭號字
美俄代表闡明立場 ←頭號字
李維諾夫建議擴大會議範圍
易名和平會以弭戰為目的
台維斯宣稱願努力推進公約
主張軍火管理制阻止戰爭
以下六行均三號字

重申不干預歐政治糾紛
但關心遠東事意在言外

（七）諷刺標題

（例）　沐猴戲開演 ←二號字
　　溥逆今晨潛位 ←頭號字
　　傀儡袍笏登場殊形滑稽 ←二號字
　　叛逆前呼後擁不顧羞恥 ←二號字
　　○……………………○ ←點線
　　我外部今晚將發表聲明 ←二號字

（注意）學員有不明申報各種鉛字之字碼者，可將鉛字剪下，貼於紙上寄來，當即指示。

問題：試自作標題五種，內容形式不拘。

實用新聞學

謝六逸編

等十一章　「撮要」的寫作

報館編輯記者爲讀者的便利打算，特在正文之前，標題之後，製作「撮要」。其用意有二：(一)忙碌的人，雖無暇精讀正文，亦可知新聞記事的梗概。(二)用撮要引起讀者仔細閱覽正文的興味。或使閱者易於覓得適合自己閱覽之新聞記載。

寫作「撮要」時，切忌冗贅。就文字的比例說，大約爲六與一之比，卽正文字數排至三十餘行者，撮要數字約爲六七行。舉例如次：

(例一)市立動物院春初舉行繡眼百靈比賽

比賽條例呈准教局後辦理登記

水族館積極籌設獸舍建築將竣

本市文廟路市立動物院，自去年十二月十日，假民教館舉行芙蓉競賽後，頗引起社會人士之興趣，該院近籌備繡眼百靈兩種比賽，預定開春舉行，添造豹熊巨獸舍，即將竣工，水族動物館，亦計劃籌設，茲將各情分誌如下。（以上爲撮要）

〔繡眼百靈比賽〕繡眼鳥屬於黃雀之一種（別名金雀，又名竹葉青），其色紋形態與芙蓉鳥相彷彿，所差者羽毛稍雜黑色，種類分「荷花」「桃花」之別，而其鳴聲，可取於春頭，但畜養者較芙蓉略少，而價値百元或數十元不等，出產地中國最多，百靈鳥以中等有閑階級畜養居多，以上兩種鳴禽比賽，該院刻已着手籌備，其比賽條例，呈請教育局核准後，即開始辦理登記報名手續，預定春初正式舉行，惟將來對於百靈鳥之比賽，情形複雜，故所訂辦法，必須嚴密，以防發生意外事件。

〔獸舍建築將竣〕該院之巨獸舍，原分獅虎豹熊四舍，相連建築，當時因經費不敷，且因應各界要求，提前開放，故祇有獅虎兩舍，而豹熊暫搭鐵押置放，以致去年有黑熊一頭，因鐵釘中斷，突然出柙，該院爲避免危險計，特呈請教育局撥款添建，以保萬全。旋經教育局核准，轉請工務局，招標興建，迄今全部工程，已完成三分之二，巨獸舍純以鋼骨水泥砌成，大約本月底工竣，所遺豹熊兩鐵柙，另以別種動物放置，熱帶動物室，現已早晚開放水汀取暖。

「設水族動物館」動物館現有各種動物，類皆陸地與空間，但水族之魚介等動物，因院址地位關係，未能積極設置，該院爲完成動物院應有設備及增進人民智識起見，計劃在院內劃出一部份空地，闢爲小規模水族動物館，又動物標本室，自開始徵集標本以來，除原有實驗小學一部份動物移動外，關於私人捐贈者，尤爲多數，標本室新屋，將西首民地出價收買後，即行建築。

「游人憩息亭臺」該院院址雖小，而其內部之設備，堪稱完密，惟所缺少者爲游人憩息之亭舍，似頗遺憾，該院主任沈祥瑞因鑒及天氣炎熱或遇風吹雨落之時，游人無遮避所在，故在辦事室靠東騰出空地一處，建築亭臺二間，業已完工，作為游人憩息之所。

（說明）右例「正文」約六百餘字，「撮要」約一百字。

（例二）海南九島確為我國首先發現 ←正題

李準巡海記足以證實 ←附題

近因法國海軍佔我海南九島，引起國際糾紛，現經我國從歷史上地理上證明該九島確為我國領土，亦即為西沙羣島之所屬，而隸於瓊崖者。前清光緒三十三年四月間，兩廣總督張人駿，以日人圖佔東沙羣島，乃派廣東水師提督李直繩，前往交涉，其後李氏復乘伏波琛航兩艦南巡，發於崖屬之榆林港，翌日至珊瑚島，（李氏易名為伏波島）乃先後共發現十四島，蓋即西沙羣島，今法海軍所強佔者亦即是也。李氏是行，撰成巡海記，備載經過，亟轉載於此，以證西沙羣島，確為我領土焉。（以上為撮要）

東沙島之案交涉既終，因思學中海島之類于東沙者必不少，左翼分統林君國祥，老于航海者也，言於余曰，距瓊州榆林港迤西約二百海里，有羣島焉，西人名之曰怕拉洗爾挨倫（按即Parace Innds.）距香港約四百海里，凡從新加坡東行來香港者，必經此線，但該處暗礁極多，行船者多遠避之，余極欲探其究竟，收入海圖，作中國之領土，因請于安帥（按即兩廣總督張人駿，字安圃）而探此絕島，安帥極然余說，同寅中之好事者，亦欲同往一觀焉。乃以航海探險之事屬之林君國祥，乘伏波琛航兩艦，林君曰，此二船太老，行駛遲緩，倘天色好，可保無虞，如遇大風，殊多危險，余以急欲一行，故亦所不計，因偕林君下船，考驗船上之鍋鑪機器，應修理者修理之，凡桅帆纜索，無不檢查，其鐵鍊之在艙底者，概行拉出船面，林君節節以錘敲之，其聲有壞者，立以白粉條畫之爲記，概用極粗之鉛線紮之，防其斷也。備食米數百担，其他牛羊豬雞等牲畜，罐頭食品汽水稱是，各色稻粱麥豆種子各若干，淡水艙滿儲淡水，炭艙滿儲烟煤。除船員外，僱小工百名，木石縫工油漆匠若干，備本材桅桿國旗之屬又若干，蓋將覓此羣島爲殖民地也。余帶衞隊一排，以排長范連仲領之，吳君敬榮爲伏波管帶，劉君義寬爲琛航管帶，余乘伏波，以林君爲航海之主，悉聽其指揮，王君仁棠隨行參贊，同行者爲李子川觀察（哲濬），王叔武太守（文韙），丁少蓀太守（乃澄），裴岱雲太守（祖澤），汪道元大令（宗珠），邵水喬道尹（思源），劉子儀大令，德人無線電工程師布朗士，禮和洋行行主布斯域士。三十三年四月初二啓行，初三抵瓊州之海口，採買魚菜，添盛淡水，道府來迎，應酬一日夜。初四日下午啓椗，沿瓊島南行，初五日入崖州屬之榆林港，淸風徐來，余於甲板上觀之，見此港山環水繞，形勢極佳，而水深至二三十尺，入口不三里，下錨四圍皆山，不是水口，誠避風良港也。惜局面太小，不能多容軍艦，有七八艘已不足以迴旋。港內水波不興，上下天光，一碧萬頃，以爲正可直駛西沙矣，國祥曰，天氣不可恃，須看天文，有三五天之西南風，乃可放洋，且亦須於此添盛淡水。少頃，偕各員登岸，每人各持木棍一根，備倚之行，且可以禦禽獸，此國祥之言也。余以爲禦獸可也，禽豈能爲人害乎？國祥曰，西沙島多大鳥，不懼人，且與人鬥，非此不足禦之。上岸後，沿平原而入山凹，一路遍地皆椰子樹，結實纍纍，大可逾抱，高約百數十尺，其直如棕，葉大似蕉，但分裂而不相連屬。其時天正炎熱，行人苦渴，以槍向椰樹擊之，其實紛紛下墜，人拾一枚，其有爲彈穿者，汁流出，卽以口承之，味甘而滑，解渴聖品也。步行約六七里，有居人焉，披髮赤足，無衣，以布圍蓋下身，其黑如漆，前後心及兩肘兩腿，毛茸茸然，兩耳貫以鐵環，大如飯碗之口，老少可辨，男女殊難認也。其所住室，以椰子樹爲之，高不及丈，寬約一二丈，横樑門柱，皆椰樹也。上蓋及壁，都以椰葉編作人字形之厚箔爲之，有門無窗，屋內之地，亦舖以椰席，厚可數寸，無桌几床帳，飯食起居，咸於此焉。余以手鏡爲之照像，各憘憘笑不已。又與同人行至一處，有男女多人，於野外草地上跳舞，有老者壯者於旁，敲鑼吹笛及擊瓦器，跳舞者女子居多，間亦有男子相偕，皆靑年也。其齒白，而口吐紅色之沫，詢之，乃含檳榔使之然也。此男跳舞者，如兩情相合，卽攜手相歸而爲夫婦。其語不可辨，國祥能懂一二，蓋黎山之生黎也。旋亦覓得一能諳漢語之熟黎作舌人，據云，山中馬鹿極多，以其大如馬，可以代步，故以馬鹿呼之。余極欲獵，苦無獵犬，熟黎曰，可以黎人代之，余卽令此熟黎覓數人來帶路，並驅馬鹿行，生黎手持一棍，舉動如飛，其山中之木椿，尖如刀錐，履之過，如履平地。余率衞兵多人追隨於後，乏極傍石而坐，稍事休息，正打火吸雪加烟，羣鹿自林奔出，大若牛馬，余持鎗擊之，殪其一，倒地而起者再，衞兵捉之。其角大如碗，長約三尺，餘開三四叉，倒地時跌損一角，血淋淋出，一衞兵以口承而吮之，嗣以五六人用大木槓抬之回船，權之重四百斤，去皮分食其肉，茸則懸之船面，以風吹之，以為可以保存也，三兩日後，生蛆腐爛，臭不可近，棄之大海中矣。一日雨後，余正在船面高處坐而納涼，忽見一黑色之物，自海面向余船而來，昂首水面，嘴銳而長，余問曰，此何物也，國祥曰，此鱷魚也，韓文公在潮作文驅之者，卽此是也，語時，鱷魚已及船邊，攀梯而上，余命梯口衞兵擊之以槍，而衞兵反退後數武，不敢擊。余速下奪槍擊之，鱷魚下墜，白腹朝天，距船已四五丈矣，卽命水手放舢板往撈，水手以攙挑之，長約丈餘，重不可起，恐其未死，不敢下手，再擊二槍，反沉水底而不見蹤跡矣。連日風色不佳，夜間月光四圍起暈，必主有風，不能放洋，國祥於此購買柴薪無數，船面堆如山積，備缺煤時之用也。又購黎人椰席數百張爲建屋作牆壁上蓋舖地之用也。第四日約集同人往三了港觀鹽田，去此約二十里，以籐椅貫以竹作桿代步，僱黎人抬之，議定每人小洋二毛，黎人力極大，行甚速，惟不善抬，一路殊多危險，不一時而至其地矣，其鹽田界兩山中，綿亙十餘里，皆鹽田也。其水鹹頭極重，一日即可成鹽，兩三日成者亦有之，然較之他處鹽田，則不可多見矣。其價極賤，每石不過二三百錢，故香港澳門一帶之私鹽，皆由此運往焉。沿途樹林內，多紅綠色之鸚鵡，大小不等，白色者較大而少，又多小猴，飛行絕迹擒之不易。回楡林港後，抬轎之黎人，每人給以銀二毛不肯受，以其求益也，增之四毛，不受如故，詢之，乃知其議價時，以爲每一乘轎兩人共二毛，今多與二毛，故不受，其樸野如此，眞上古之民哉。有黎人以大竹籠抬大蚺蛇一條來賣，給以銀二元，令抬去，又抬薏米酒若干罎來，每罎給以銀一元，其色黑而味甜。又有此間之回民，操北方語者，將石蟹飛蛇來賣，其石蟹鮮有完好者，磨醋可治瘡毒，飛蛇可以催生，人爭購之。又有一種椰珠，如魚目，聞係數百年椰殼內實結成之，俗云購得之。其同民相傳爲馬伏波征交趾時遺留於此者，至今人不多，然仍操北方之音，與粵人異。國祥云，天色已好，可放洋矣，四月十一日下午四鐘啓椗出口，風平浪靜，七鐘，忽見前面似有一山形，若隱若見，國祥曰，此處向無山，必鯨魚也，當繞道避之，余以千里鏡窺之，見一黑影，橫亙於水面，不甚高，同人爭欲一覩爲快，無何漸漸沉下矣。船仍按緯度直行，國祥敬榮經夜不睡，行於甲板上，監視舵工，其桅杆頂，尚有一人持望遠鏡觀察前面之島，不敢一毫懈也。國祥曰，以船之速率及海程計之，此時應可見最近之島，今不見，必有誤，以天文測之，差一度幾秒，危險萬分，此爲本船馬力不足，爲大流冲下之過，宜仔細，此處暗礁極多，稍不愼，則全船虀粉矣。少頃，桅頂人報告，已見黑影，然在上游，國祥敬榮乃心定而直駛向該島，十一點二十分下椗，錨鍊幾爲之盡。共處水清，日光之下，可見海底，多紅石珊瑚，大如松柏之樹，有一種白色帶魚，長約丈餘，穿插圍繞於珊瑚樹內，旋轉不已。飯後，余率諸人乘舢板登岸，國祥請余勿坐舢板，宜乘大號扒艇平底者，乃可登岸，余從之，果至最近岸之淺灘內，乘舢板者果不得入，此項扒艇，國祥於海口購七八隻之多，余初以爲無用，今乃知爲得用也。余仍持木棍，離扒艇，踐石堆超越以過，此石跳彼石，相距有遠有近，有高有低，扒艇不能前，非此不能登彼岸也。余正站圓形之大石上，，欲再跳，而相距稍遠，恐墜水中，遲回者再，而所立之石動矣，余以爲力重爲之也，而此石已起行而前，余驚懼欲仆者屢矣，石行較近彼石，乃跳過焉。余驚問，石何能行，國祥敬榮同曰、此石乃海內大蛤也，其殼已生綠苔，不知若干年矣。又見一魚，其色黑而雜以紅黃，國祥曰，此小鯨魚也，亦長七八尺、潮水退，不能出，困於此淺水灘耳。余以棍撥之，頭上一孔，噴出之水，高可一丈，余急登岸，見沙地上紅色蟹極多，與他蟹異，爪長而多，其行甚速，以棍擊之，即逃入一螺殼中而不見，拾殼起，見其爪拳屈於殼內，了無痕跡，每蟹必有一殼，大不逾二寸，有一蟹之殼，先爲人拾起，致無所歸，即拳伏於沙上，如死者然。余以竹筐拾歸者數百枚，分贈親友，名之曰寄生蟹，工人持剷鋤上岸，在各處掘地及泉，而求淡水，掘十餘處至二三丈，均不可得，其實非島，乃沙洲耳。西人亦謂之「挨倫」。此島長不過六七里，行不數鐘，即環游一週矣。島上無大樹，有一種似草非草似木非木之植物，高約丈餘，大可合抱，枝葉橫張，避此林中，眞清涼世界也。其地上沙土作深黑色，數千百年之雀糞積成之也。島中無猛獸蟲蛇，而禽鳥極多，多作灰黑色，大者昂頭高與人齊，長嘴，見人不懼，以棍擊之，有飛有不飛，其大者恆與人鬥，不自以爲未中，遣兵往視之，已擊倒三十餘鳥，衛兵逐之，始羣飛去，蓋不知槍之利害，人衛，將喙人目。遙見大羣之鳥，約千餘百隻，集沙灘上，余擊以鳥槍者三，均不見飛，爲何物也。其椰樹及石上，多德人刻劃之字，皆西歷一千八百餘年所書，德人布郎士以筆抄其文記之。其石亦非沙石，乃無數珊瑚蟲結成者，因名之曰珊瑚石。又至一處，有石室一所，寬約八九尺，四圍以珊瑚石砌成，上蓋以極大蛤殼兩片爲之，余於此而休息焉，石上亦有刀劃德文，蓋千八百五十年所書也，均有照片，改革後，不知失於何處矣。余督工刻字珊瑚石上曰，「大清光緒三十三年廣東水師提督李某巡閱至此」，勒石命名伏波島，以余乘伏波先至此地，故以名之。又命木匠將製成木架，建木屋於島，以椰蔗蓋之爲壁，鋪地，皆椰蔗也。豎高五丈餘之白色桅桿於屋側，掛黃龍之國旗焉，此地從此即爲中國之領土矣。夜宿島中，黃昏後，聽水中哲哲有聲，國祥曰，此海中大龜將上岸下蛋也，從此不憂乏食矣，率衆各將牛眼打燈，反光懷內，候於河上、月下見大龜魚貫而上，爲數不可勝計，羣以燈照之，龜即縮頸不動、水手以木棍插入龜腹之下，力掀之，即仰臥沙上，約二十隻，國祥曰，可矣，足敷吾輩數百人三日之糧矣。國祥又引水手，持竹籮，在樹下撥開積沙，有龜蛋無數，其色淺紅，而圓大如拳，殼軟而不硬，拾兩大籮筐，歸後，燙以開水，撕開一口，吸而食之，其味甚美。國祥曰，雀蛋更多，但不能如龜蛋之可口。黎明，率同人於樹下拾各種雀蛋，大小不等，有雞鴨卵者，有大如飯碗，長六七寸者，均作淡綠色，其極大者，有黑點無數，剖之多腥，而此極大之卵，如鴕鳥之蛋，殼堅如石，了不可破，後攜至省垣，在大新街囑刻象牙之匠人，開天窗，鐫山水人物形，作陳列品。其仰臥之大龜，長約一丈，寬亦六七尺，各水手工人，以刀斧從事去殼，宰割其肉，各分一臠，色紅如牛肉，其裙邊厚二寸，每龜得二三十斤，其全數重量蓋四五百斤也，尙留八隻，不許宰割，卽以生者抬於舢板或扒航上　運之上船，以起重架起之，始得上，八龜已將官艙前面隙地佔滿，致水手工人無休息食飯處，衆卽於龜腹上圍坐而於食，且於此門牌焉。夜間，余憐其仰臥，令人返仆之，夜深人靜，羣龜鳴如鴨，哄哪之聲極厲，致同人不得睡，仍令水手反之仰臥，始無聲焉。午後率同人回船，留牲畜之種山羊水牛雌雄各數頭於島，布郎士對之泣曰，可憐此牛羊將渴而死，以其無淡水也。正午開行，約三十里，又至一處，兩面皆島，海底有沙，可以寄碇，非如伏波島之盡珊瑚石，難於寄碇也。且岸邊有沙，舢板扒艇，皆可登岸，又率同人偕上，其林木雀鳥，一切如前島。工人之掘井者，少頃來報曰，已得淡水，食之甚佳，掘地不過丈餘耳，余嘗之，果甚甘美，卽以名曰甘泉島，勒石豎桅掛旗爲紀念焉。此島約十餘里，寬六七里，余行兩三小時，尙未能一週也。在沙灘上拾得一物，其狀如金瓜，大如密橘，其色爲青蓮，其分瓣處，間以珍珠白點，似石非石，質輕而中空，上面有蒂，如罌粟殼之狀，下空一孔，甚爲美觀，不知爲何物也。敬榮曰，此動物而兼植物，有生者當肆與軍門一看，其他尚有種種色色千奇百怪之物，爲內地所未見者。有一石杯，盛之涼水，不漏而易，盛熱水，則發腥臭之味，手摩之直如石製，然其質軟，物本圓者，可以爲方，可以爲橢圓形，其紅白珊瑚，遍地皆是，紅者大逾一寸，然質粗而少紋，白者更多，余曾拾得一大者，百數十枚結於一塊，如一山形，以玻璃匣盛之，後與石瓜石碑同陳列於江南勸業會中。閱此島畢，亦放牲畜於上，又過對岸之島，較小於甘泉島，縱橫不過八里耳。其珊瑚比前更多，因名之曰珊瑚島，亦勒石懸旗爲紀念，下午回船開行，約二十海里，又至一島，定椗後，乘舢板上岸，海內帶草極多，長不知若干丈，開小白花，舢板之槳橈，亦爲之阻滯，不得進行。見一石，上有物圓如金瓜，其蒂上開紫色之花，如蝴蝶狀，余曰，此必昨日海岸拾得石瓜之生者，即泊船近之，余親手撫其根，長約四五寸，似爲石質而長於石上者，力拔之始下，而根斷矣，有白漿自根下流出，其腥異常，如蟹爪之肉，其花甚硬，亦似石質，然鮮豔無比，究不知爲動物植物也。拾回數日，其花自凋落，殼內之漿亦流盡，而爲空殼，併與前拾之瓜，一併呈於安師，送江南勸業會矣。上岸閱視一週，情形與各島相同，名之曰琛航島，勒石豎旗，回船，是夜即下椗於此。第三日黎明，又開行，約十餘海里而至一島，登岸後見有魚船一艘於此，取玳瑁大龜，蓄養於海邊淺水處，以小樹枝插水內圍之，而不能去，余詢其漁人爲何處人，據言爲文昌陵水縣人，年年均到此處，趁天清氣朗，乘好風，即來此取玳瑁，海參，海帶以歸。余詢以爾船能盛淡水，糧食若干，敢以冒此險乎？漁人曰，我等四五人，食物有限，水亦不能多帶，食則龜肉，龜蛋，雀蛋，雀肉，魚蝦之屬，飲則此島多椰子樹，不致渴死。余告以前方有甘泉之島，如往彼處，不憂無淡水也。余視其船內，以石灰醃大烏參及刺參一艙，皆甚小者。余問以海邊之大烏參，有大逾一丈幾尺者，何不醃之，漁人曰，內地不消此大者，因引余視海邊之淺水者，有一大烏參，長丈餘，色黑如死猪然，余以棍挑之，其肉如腐者，脫去一塊，皮雖甚黑，而肉極白，但無血耳。不少動，以爲其死也，一工人以十字鍬鋤之，又脫一大塊，而此參乃稍行而前，眞涼血動物也。島上情形，與各島相同，游覽旣周，名之鄰水島，勒石豎旗，而往他島，均皆命名勒石。有名曰霍邱島者，以余妹倩裴岱雲太守爲霍邱人也，有名歸安島者，以丁少蓀爲歸安人也，有名烏程島者，以沈季文大令爲烏程人也，有名曰甯波島者，以李子川觀察爲寧波人也，有名爲新會島者，以林瑞嘉分統國祥爲新會人也，有名爲華陽島者，以王叔武爲華陽人也，有名曰陽湖島者，以劉子怡大令爲陽湖人也，有名爲休甯島者，以吳藎臣遊戎敬榮爲休甯人也，有名爲番禺島者，以汪道元大令爲番禺人也。尙有一島距離較遠，約六十餘海里，其島長二三十里，向名曰林肯，改名爲豐潤島，以安師主持大事也。以天色驟變，不敢再爲留連，恐煤完水盡，風起不得歸也，四月二十三日鼓浪而行，歷四十八小時，而抵香港，次日卽回省，蓋出門已將一月矣。將經過情形一一爲安師述之，安師驚喜欲狂，以爲從此我之海圖，又增入此西沙十四島也。所拾得之奇異各物，陳列於廳肆中，同寅中及士紳爭來面詢，余口講指劃，疲於奔命。所歷各島，皆令海軍測繪生繪之成圖，呈於海陸軍部及軍機處存案。此次之探險，以極舊行不過十海里之船，數百人之生命，付於林瑞嘉之手，實乃天幸，非盡人力可致也。

（說明）右列的撮要與第一例不同，偏重介紹，使閱者有非閱讀本文不可之勢。正文文筆清麗，趣味盎然，不失爲叙述體的新聞記事。

「撮要」的種類，可分爲五：

（一）以人（WHO）爲主者，名爲 WHO LEAD。

（二）以事（WHAT）爲主者，名爲 WHAT LEAD。

（三）以時間（WHEN）爲主者，名爲 WHEN LEAD。

（四）以場所（WHERE）爲主者，名爲 WHERE LEAD。

（五）以理由（WHY）爲主者，名爲 WHY LEAD。

「撮要」文字有具備五種要素者，亦有只具某一要素者，玆舉例說明於左：

□具備五種要素之撮要□

時間·	十九日午後一時半，
場所·	北山森林中，
人與事·	有青年縊死樹上，爲樵夫所發現，
理由·	經警署調查，自殺原因爲失戀。

「撮要」寫作時，應注意左列事項：

(一)以具備五種要素(即五W)爲宜。

(二)文字寫成一節，與正文各別。

(三)應寫一段獨立的，明白的，完全的新聞。

(四)應説明事件之發端與結局。

(五)撮要應有完全而有力的內容，不取空泛。

(六)力求簡潔，不可用冗贅之字句。

(七)用平易暢達之文字，不可用術語或典故。

(八)注意撮要與標題之聯絡。

問題：

自作具備五W要素之撮要三種。

實用新聞學

謝六逸編

第十二章　「正文」的寫作

新聞記事的正文（Body即主體），寫作時須將「撮要」中所述者詳細重說，并將其他與主體記事有關聯的事實附帶說明。故新聞記事以「正文」的長短定記事的輕重。因此之故，分量輕微的消息，可不必用「正文」作詳細報道之用，通常只以「撮要」的形式敘述之，此時的「撮要」，與「正文」無異。此種簡單的新聞記事，與一般新聞記事有別，名為One incident story。重要的新聞，必須使「正文」完整，包含人，物，時，地等項的敘述，然後始能滿足閱者的求知欲望。閱者對于一件重要新聞，常欲明瞭其原因結果，如報上的記載過於簡單，閱者不免感到失望。此一事件的結局如何？起因如何？閱者均希望給他們一種詳盡的報道。報館方面為迎合讀者的心理，不惜一切費用，以尋求充作新聞記事正文的資料。

「正文」既然是「撮要」的重述，所以也須顧到五種W，用淺易的記敍文，記載新聞事實，記載的方法與文學作品(小說)逈異。小說可以有想像，虛構，細微的描寫；新聞記事的正文，則應迅捷地把握事實的要點，以之傳達於閱者。文學作品常將事實掩蔽，將「頂點」(Climax)置於最後，（例如莫泊三的項鍊），而使讀者緩緩吟味。但在新聞記事，必須將「頂點」放在前面，故二者在寫作上的差別，有如下圖：

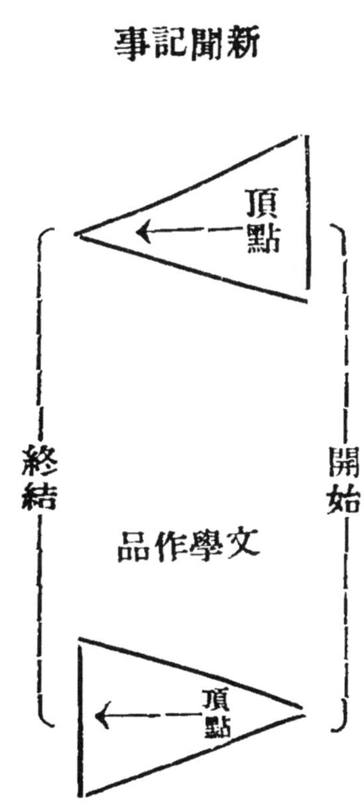

茲更以實例說明如次：

實在的資料——男女情死

(甲)小說的寫法

一、青年男女相識的經過情形

二、彼等戀愛生活的過程

三、周圍的人與彼等的關係

四、祕密懷孕與男子的苦惱

五、情死(頂點)

右第一至第四不過爲第五(卽頂點)的說明或描寫。假如全篇的敍述只到第三爲止，就不成其爲一篇小說，必須將頂點寫出，然後才有價値。

(乙)新聞記事的寫法

一、青年男女情死(卽頂點)

二、因爲祕密懷孕

三、周圍的人與彼等的關係

四、彼等相識的經過情形

五、彼等戀愛的過程

新聞記事的正文，必先從頂點寫起，使閱者一見卽知發生者爲何事。跟着閱者的腦中就發生了爲何故情死的疑問。第二項的敘述可以滿足閱者的要求，依着次序下來，第三第四第五各項可以解決閱者的疑問。現在假定寫至第一第二第三各項，編輯者因爲篇幅或字數的原故，而將其餘兩項割愛，亦不至於損害新聞價值。因爲閱者所欲知道的要點，已經全盤說出了。此種方法，稱爲「倒金字塔式」(Inverted Pyramid Story)。

新聞記事的正文，如就文體區別，共有四種：卽(一)講述的(Narrative)，敘事的(Descriptive)，解釋的(Expositive)，討論的(Argumentative)。

凡普通報告原因結果的簡單新聞記事（Spot News），屬於講述的文體(Narrative)。

凡記載集會，學校畢業典禮，軍艦進水典禮的新聞記事，屬於叙事的文體(Descriptive)。

凡記載新聞記者與要人的談話，或科學上的發明，或其他科學新聞，屬於解釋的(Expositive) 文體。

凡記載國會開會時議員的爭論，公堂(裁判所)，等，屬於討論的(Argumentative)文體。

新聞記事的主要目的，在於報告，故四種文體之中，以講述的 (Narrative) 文體爲最適用。電信新聞亦多用講述體。

(例一)正文由電信構成者。

中東路西段國際列車出軌傷人 一←—正題

小蒿子附近路釘被人拔去 ←附題
車輛八節黑夜中顚覆起火 ←同右
死四人重輕傷三十餘 ←同右

〔哈爾濱〕十七日由哈爾濱出發之國際列車，忽於當日午後八時四十五分在小蒿子附近出軌，其機關車以及各等客車七輛食堂車一輛，均經顚覆，當時發生火災，卽時身死者四人，負重傷者九人，輕傷者三十人，黑夜出事，其悲慘迥異尋常，該項列車搭有日人旅客八人，在出事當時，雖未遭任何襲擊，而顚覆列車當爲義軍預謀之計畫．現尙在嚴查中。（十八日日聯電）

〔哈爾濱〕由哈埠開出之國際列車，於十七日晚在西部小蒿子附近發生顚覆慘案，玆查其犧牲情形如左，當場喪命者四人，內中二人爲蘇俄傳教士，其他三人爲商家，均屬被火燒死，日本人之乘客計五人，一爲海拉爾國際運輸支店長野澤金太郎，又哈埠三井洋行分店辦事員上由芳藏氏等，均負重傷，此外尙有上海法文報記者法國人羅蘭斯氏，其

面部受傷頗重。（十八日日聯電）

【哈爾濱】十七日午後三時由哈爾濱開往滿洲里之第三國際列車，以全速力通過小蒿子站附近時，不知被何人取去線路大釘，列車於午後八時四十五分發一大音響，同時脫線顛覆，火車五輛被火焰所包，乘客疑被匪賊所襲，一時秩序大亂，旋知無匪，始稍鎮靜，其後調查，卽死者俄人二名，滿人二名，重傷者滿洲里市政局長孟憲惠，國際運輸公司海拉爾出張所長野澤金太郎，三井物產哈爾濱支店員小川順直，外國人負傷者德人一名，比人一名，鮮人二名，俄人二名，其他輕傷者約三十名，齊齊哈爾得訊後，當夜十時由齊齊哈爾，十一時由哈爾濱，派出救援列車及醫師多數，馳往現場，收容重輕傷者，東鐵西部線常發生列車顛覆之事，其背後似有共產黨爲有力之活動。（十八日電通電）

【哈爾濱】西比利亞通車，又被匪衆搶劫，此次恐有重大之死傷人數，昨夜八時距哈爾濱西二十哩處之鐵路，被匪拆斷，致有西行列車之機車及客車五輛傾覆，當卽起火，哈爾濱齊齊哈爾接得失事消息後，卽派救護車前往救濟，截至今晨，仍在救護中，車中雖

無英美籍客人，但有來自天津之德人一名，及華南之法人夫婦二名，彼等之性命如何未悉。（十八日路透電）

〔哈爾濱〕西比利亞火車復遭匪暗算失事，此次死傷頗夥，現悉死俄人搭客四，又傷三十九人，其中有外人二，一爲上海法文報著名記者兼任巴黎午報訪員勞蘭斯，除面部破碎外，且喪一目，一爲天津德人名克拉末者，折一腿，任上海比使署祕書多年之哈勒夫人亦在車中，幸未受傷，搭客中無英美人，火車於昨夜八時四十五分駛至距哈爾濱西約二十哩處，不意車軌已爲匪拆毀，致機車與臥車五輛傾覆，餐車廚灶頓時起火，將諸車焚燬，幸郵件車保全，當局接訊後，急由哈爾濱與齊齊哈爾派救傷車前往失事地點，今晨救濟工作仍在進行中，按失事之火車乃由哈爾濱開往滿洲里者。（十八日路透電）

右例所用的文字爲講述體，直截明快，爲其特色。訪員拍電，力求迅捷，故文字不宜冗長，只以扼要爲主。又因電信須經過翻譯手續，爲節省時間計，亦不能過於拖沓。對於電費的節省，尤其餘事。

實用新聞學

謝六逸編

(例二)正文由複雜電信構成者

中常會推汪為四全會開會式主席(正標題)

〔南京〕中央十八日晨開一零六次常會，到常委汪兆銘，葉楚傖，居正，孫科，及委員邵元冲，王正廷，朱霽青等三十一人，葉楚傖主席，決議，(一)第四次全體會議開會式，推汪兆銘主席，並致詞，(二)嘉獎討逆海陸空各軍將士，(三)中央執行委員會楊樹莊，因病故出缺，遵照總章規定，以候補執行委員傅汝霖遞補，(四)選任李文範為國民政府委員，(五)推戴傳賢出席下星期一中央紀念週報告，(六)其他例案(十八日中央社電)

〔南京〕四中全會已決定準期舉行，昨經中央祕書處分別電促外埠各委員，即日來京，參與會議，聞在京各常務委員，以閩變雖告一段落，而外侮內患，在在堪虞，非集中羣力，共策進行，不足以當大事，頃復由汪兆銘，蔣中正，陳果夫，居正，孫科，于右任，顧孟餘，葉楚傖，諸常委，電致胡漢民，馮玉祥，閻錫山，趙戴文，劉守中及在滬各中委等，略謂，四中全會決於二十日舉行，業經中央分別電達在案，值此外侮侵迫日甚，內憂瘡痍未復，切望我中央同人，共集首都，討議新猷，俾國基得固，民族昭蘇，是所至禱等語（十八日中央社電）

〔南京〕四中全會定二十上午九時行開幕典禮後，即舉行預備會，推定主席團人選，及大會祕書長等，會後全體謁陵，午在勵志社聚餐，二十一日爲星期日，擬不舉行會議，由各委互相交換意見，二十二起開正式會，各方提案已收到二十餘件，正由祕書處整理中。（十八日專電）

二中常會昨決定提案二

〔南京〕四中全會二十日晨行開會式後，即在第一會議廳開預備會一次，決定主席團人選，大會祕書長議事規則大會會期推定各組提案審委等問題，會畢，全體中委齊赴總理陵墓謁陵，正午中執會邀全體中委，在勵志社聚餐，下午主席團或集議一次，俾編制議事日程，商定大會主席輪次，二十一日因星期休會，二十二日開正式會，會期闇爲五日，二十六日可閉幕，又中常會十八日已通知各委，請將提案於廿一日前交祕書處，以便轉大會祕書處，列入議程，全會開會式日期決定，中央祕書處，除錄案電告胡漢民，馮玉祥，閻錫山，及其他各地之中委知照外，復函達國府，飭各機關派代表，與會觀禮，並通告工作人員，屆時參加，十八日晨中常會散會後，各常委邀集中央各委會主任委員，集議對常會向四全會之提案，作最後決定，中央黨務工作報告亦審核蒇事，交祕書處彙集，聞常會提案內容重實際，不涉空泛。（十八日中央社電）

〔南京〕居正云，四全會時，中常會並無提案，如出席委員有關於過去事項詢問時，常會可負責答復。本人對此次會議，並無成見，當以全體中委之意見爲依歸。（十八日專電）

二全會出席中委人數二

〔南京〕全會定二十日開幕，截至十八日止，中央執委在京者，爲汪兆銘，葉楚傖，居正，顧孟餘，孫科，戴傳賢，朱培德，邵元冲，朱家驊，張羣，周啓剛，陳立夫，陳肇英，覃振，石青陽，陳公博，甘乃光，丁超五，石瑛，孔祥熙，王正廷，賀耀組，馬超俊，李宗黃，白雲梯，王法勤，茅祖權，傅汝霖，張貞等二十九人，日內來京者，有蔣中正，于右任，陳果夫，吳鐵城，宋子文，何成濬，王柏齡，劉峙，丁惟汾，曾養甫，王伯羣，方覺慧，經亨頤，張知本，周佛海，夏斗寅，陳策，張惠長，鄧家彥等十九人，來京否未定及不來者，有何香凝，李烈鈞，柏文蔚，熊克武，程潛，劉守中，顧祝同，胡漢民，宋慶齡，何應欽，李文範，劉紀文，劉蘆隱，鄒魯，桂崇基，陳濟棠，李揚敬，余漢謀，林翼中，閻錫山，趙戴文，馮玉祥，楊杰，白崇禧二十三人，監委在京，及將來京者，爲陳璧君，吳敬恆，張人傑，林森，張繼，褚民誼，洪陸東，恩克巴圖，李煜瀛，楊虎，張學良等十一人，來京否未定及不來者爲蔡元培，邵力子，柳亞子，蔣作賓，王寵惠，李宗仁，許崇智，香翰屏，唐紹儀，謝持，蕭佛成，鄧澤如，張發奎等

十三人（候補執監委從略）（十八日專電）

二四中全會開會程序二

［南京］四中全會已由中常會決定，廿日晨九時行開幕式，業推定汪兆銘致開會詞，禮成，卽舉行預備會議一次，推定主席團及大會祕書處職員，議事規程等項，預備會散會後，全體中委卽謁陵，正午由中執委邀全體中委，在勵志社聚餐，下午開主席團或集議一次，業由中央祕書處通函各中委各機關，曁全體工作人員知照矣。（十八日中央社電）

二蔣委長將返京出席二

［南京］蔣委長以四全會定二十日開幕，十八日由前方偕夫人宋美齡女士乘機飛杭，定十九晨飛滬轉京，軍委會接到行轅電告，謂蔣機過滬時，將略作勾留約上午十一時左右當可抵京，京市黨部以蔣勦匪討逆助勞卓著，特通知各區黨部各團體，推派代表，屆時齊集機場歡迎。（十八日專電）

［南京］某機關接杭電，蔣委員長十八抵杭．訂十九由杭飛京。（十八日專電）

〔南京〕四中全會準二十日晨開幕，蔣委員長有十九日乘機返京說，京市各界擬熱烈歡迎，已由市黨部擬定歡迎辦法，函各機關團體學校，派代表執歡迎旗齊往歡迎，並擬定標語六條如次，(一)歡迎勞苦功高的蔣委員長，(二)歡迎督勦赤匪勛勞卓著的蔣委員長，(三)歡迎戡平陳李叛亂的蔣委員長，(四)擁護四中全會，(五)擁護黨國的領袖蔣委員長，(六)中國國民黨萬歲。(十八日中央社電)

二各地中委紛紛晉京二

〔南京〕政息，宋子文，吳鐵城，張學良，定十九日夜車，由滬來京，張將下榻北極閣宋邸，張出處問題，俟到京與蔣委員長，汪院長再作計商，即可完全决定。(十八日中央社電)

〔南京〕中委兼正太路局長王懋功，十八日由平抵京。(十八日專電)

〔漢口〕夏斗寅十八晚九時乘長興輪赴京，出席四中全會。(十八日專電)

二出席公費定二百元二

〔南京〕二三屆中央全會出席委員，均由中央撥發公費三百元，本屆會期適值國難嚴重，經費困難，已決定將出席委員公費，減爲二百元，俟各委到京後，卽通知撥發。（十八日專電）

二整理欠賦將有提案二

〔南京〕財部賦稅司長高秉坊談，財部對於整理欠賦，具有決心，至實施辦法，業已擬有草案，部當局或將擬就提案，提交四中全會討論。（十八日專電）

二改革案無對人意味二

〔南京〕某中委談，九一八以來，外侮憑陵，國土損失四省之多，外交着着失敗，政治日趨腐化，無可諱言，而國中分崩離析如故，一部分中委，確擬在四中全會中提出改革政治案，容納各方意見，實行黨內大團結，以冀挽救危亡之局，此項提議，純爲對事，絕非對人，至於外間宣傳，某某部改組，某某將上台，未免言之過早，至於胡委員漢民，入京問題，亦視此次大會結果而決定，報載已派女公子胡木蘭北上，全屬不確，粵三中委崔廣秀，陳策，張惠長十七日乘昌興公司坎拿大皇后號離港北來，十九晨可抵滬，或卽轉京，預備出席全會，至西南提案，係由崔廣秀攜帶北上，聞係胡漢民諸氏所起草，經陳濟棠加以修改者，其內容係參照胡漢民氏八項主張一部分而成，至全會是否將該案全部列入議程，或有加留部分，則非至預備會時，不能預斷。（十八日專電）

二林主席或仍將蟬聯二

「南京」中委谷正綱云，本屆大會中常會並無總提案提出，惟關於三中全會以來之黨務工作情形，中央常會在本會將有報告提出，又云，依照國府組織法，主席任期屆滿，本屆全會對國府主席，確將改選，惟各方以林主席年高德劭，主張仍推崇其蟬聯，西南各方且有議決，足見各方同志均推重林主席，故將來決不改換，至政府其他各院部會，個人判斷，當無變動。（十八日專電）

二財部撥發全會經費二

「南京」國府十八日令行政院，轉飭財部，撥發四中全會經費六萬四千三百元，財部巳

遵令如數撥發。(十八日專電)

二軍參院擬國防計劃二

一南京一軍事參議院對國防計劃，擬有提案一則，正由各參議草擬中，將提出四中全會討論。(十八日專電)

二王法勤談大會前途二

一南京一中委王法勤藏愧生由滬來京，王謂，此次全會本人不提案，本人所知，本屆大會對現在政制，大致無所變更，最近各方面意見，均趨一致，預料所有提案，可望全體通過，又中委馮自由最近由平抵京云，在滬中委，除李烈鈞，宋慶齡等，不克來京出席全會外，其餘可悉數來京。(十八日專電)

二憲法草案不及提出二

一南京一關於憲法草案，現正繼續審查，倘有多種手續未經完畢，本屆全會，不能提出討論。(十八日專電)

右例在「中常會推汪爲四全會開會式主席」的正標題之下，包括電信二十一種。其分段標題有十三，卽「中常會昨決定提案」，「全會出席中委人數」，「四中全會開會程序」，「蔣委長將返京出席」，「各地中委紛紛晉京」，「出席公費定二百元」，「整理欠賦將有提案」，「改革案無對人意味」，「林主席或仍將蟬聯」，「財部撥發全會經費」，「軍參院擬國防計劃」，「王發勤談大會前途」，「憲法草案不及提出」。文字亦爲講述體。

(例三)正文用叙事體者

青海塔爾寺之燈會

寺中最神聖者爲講康
供奉黃派首領宗喀巴
宗氏弟子爲班禪達賴

每年來寺觀覲者甚衆
燈會舉行時極爲熱烈

西寧塔爾寺，爲西藏佛祖宗喀巴誕生地，每屆廢歷元宵節，必舉行禮佛觀經及紀念宗氏之燈會，在大會前數日，全省僧俗，往來相率拜佛者，絡繹不絕，五光十色，極一時之盛焉，茲將該寺現狀及宗喀巴歷史，與本屆觀經燈會種種詳情，敘述如左，以餉國人。

塔爾寺位西寧南鄉，相距僅四十里、每年除於元宵節舉行觀經及燈會外，並在廢歷六月六日，亦舉行觀經，雖係攬佛，每在會前數日，漢蒙商民，趕集貨易，該寺附近，幾無空隙，人山人海，蔚然大觀，全寺之建築，魁梧壯麗，爲青海偉大建築物之一，有喇嘛約三千五百六十餘人、其宿舍皆演成粉白，圍繞於寺內之四週，附近二百餘里之土地，皆歸該寺掌管，每年收入頗廣、寺內珍奇寶物，價值連城，多爲各地進貢，無形構成一博物院，估計者謂僅其不動產，可抵償庚子賠款有餘，其富有可以想見也，寺中最爲聖神者，卽爲講康，講康卽佛教聖陵之意，外觀極爲美麗，分上下二層，上層周圍以布幔圍之，非大紀念日不揭去，兩層均鋪鑲以金葉之瓦，最上層頂置有一美麗寶頂，係純金作成，價值不可計算，佛教黃派首領宗喀巴畫像與其肉體，均供置於「講康」，上面掛一幅畫像，卽爲宗喀巴用其自身之血液所繪成，據其在西藏拉薩傳教時，因與其慈母分處兩方，彼爲釋其母念，繪此像以給其母，暫作書信，考宗喀巴在明永樂十五年，（卽西歷一四一七年）生於該寺，彼誕生後，其母埋胎衣處，上生一樹，樹葉肖佛形，人甚寶之，，故又稱宗氏爲「寶貝佛」距寺東南百餘里之十族地方，臨黃河有一寺，名曰沙冲寺，爲寶貝佛削髮虔修之處，沙冲寺規模宏壯，僧衆約有千餘戶，漢番互市之重地，佛教聚會之中心也，其地崇山峻嶺，林木森密，山似蓮台，林似蓮花，游歷其地者，咸有徘佛不忍去之概，宗氏在該處修行後，卽遊歷各處，學道於後藏札什倫布之薩加寺，彼時西藏各地僧侶，受朝廷優越待遇，腐敗淫樂，放佚不羈，且不務正道，迷信魔術，深入歧途，寶貝佛警惕之餘，就宣誓改革宗教，入大雪山，歸修梵行二十餘年，道成，藏民極爲信仰，因別立一宗，排幻術，禁娶妻，改服黃色衣冠，是爲黃派佛教，而與舊時之教徒服紅色衣冠者有別矣，教徒皆通大乘，尙苦修，學行卓然，出紅教徒上，黃教遂盛行西藏，至明成化十五年，（一四七九年）寶貝佛圓寂，有大弟子二，一名班禪喇嘛，一名達賴喇嘛，譯言光顯也，相傳達賴爲觀音分體之光，班禪爲金剛化身，在印度已轉身，分騎前後藏之拉薩及扎什倫布，爲黃教徒宗主，寶貝佛既禁娶妻，故別創一續嗣法，謂班禪達賴喇嘛，肉體雖死，其精神仍附人體，世世不滅，輾轉出現，爲呼畢勒漢（意即化身）掌握教權等，蓋以漠北諸部，所處僻遠，不得親承宗喀巴故也，講康（俗稱大經堂內有宗喀巴之造像，高五尺餘，爲純金製成，頗爲輝煌莊嚴，像坐於一構成精巧高八尺餘之寶座上，像前之供器，亦皆爲金銀所鑄，神燈數百，無一不閃爍光亮於宗氏之前，映照於其像之下，燦爛光輝，令人目不敢正視，宗氏寶座前之木板，因其已經過衆信徒之叩頭膜拜，木板上已摩擦有寸餘深的凹痕，聞每年由西藏蒙古甘肅熱河察哈爾綏遠等處來寺覲覲者，幾無虛日，甚至有千里外，手掌套護木板，伏地叩頭來寺者，其誠心可見，至所謂觀經，於二十八日上午，（廢曆元月十五日）全寺僧衆，舉行觀經禮拜跳舞，番樂齊奏，先有小僧數人，全身裹以白布，只漏兩眼如猴狀，出而跳舞，數十僧人頭戴各種獸類面具，奇異衣飾，握叉執戟而舞，與舞合拍，大有西洋跳舞風味，至遊人進香者，則必在門首以銅元數枚，購酥油銅燈，以手執之，由左而右，盤桓數匝，然後將燈仍還原位，亦有購後燃獻於佛像之前，萬人擁擠，緊張極端，該寺有黑衣喇嘛，手執皮鞭，充臨時警察，以維持秩序，是日晚間燈會，專係爲紀念宗喀巴氏，以無數花樣之酥燈油搭成巧，妙燈架，極爲美麗精緻，第一層係前藏拉薩之全景，其下爲一兩手伸出，盤坐法台，慈祥和悅之大佛像，其他佛像花卉，山水人物等等，栩栩如生，脈脈含情，均供衞四周，照耀如晝，西藏藝術之高妙，與佛法之無邊，遊人無不引領神往，執行燈會之祭禮時，有黑衣喇嘛一羣，先行開道，大批喇嘛捧藏香祭物等隨行後有一喇嘛，手執一玉製之圭，其兩傍有二喇嘛各執火把，其後供宗喀巴的化身，大衆行至酥油燈架大佛像前，莊重恭敬跪拜，禮畢，酥油燈是時亦行融化，數萬人圍睹景像，大典亦於是告畢。

右例叙事詳明，取材富於興趣，極合現在報紙登載之用。凡正文用此種方法寫作，必須注重全部事實之焦點，本文的焦點爲塔爾寺，寺中最神聖之處所，寺中供奉之佛像如何人，其弟子爲何人，到寺內觀觀之盛況，燈會舉行時之詳情。記者對于材料之焦點能明確把握，叙事始能扼要，且有條不紊。

（注意）記載社會新聞的「正文」，可參看本講義第一四〇頁至一四六頁，爲避免重複計，玆不重舉。

關于解釋文體之例可看本講義第一五九頁至一六三頁。並參看通信練習講義第一四五頁至一五〇頁。又一三〇頁至一三一頁。

●討論式的文體在現代報紙上用處甚少，故不舉例。

問題

試就第三例，指出其中所含之五W。

實用新聞學

謝六逸編

第十三章　混合編輯

鉛字應用得法，可使紙面調和整齊。紙面可分二種：

(一)英國式——有固定之地位，鉛字高雅，紙面整齊，紀事依照新聞分類來排列。

(二)美國式——以煽情主義爲主，把新聞價值最高記事，放至頭上，字碼甚大，在使讀者看了而生印象，但聞亦有採用英國式者，如 Chioago Daily News, Kansaelity Star. Washington Star 各報的讀者是固定的，無須再用新鮮花樣去吸引新讀者。

固定讀者多則用英國式較好，若固定讀者少則用美國式，以便吸引臨時讀者。現代新聞多採用混合編輯，就是把各種不同的新聞記事混合統一起來做成紙面。

新聞記事有軟硬兩性之區別，混合編輯則把二者混合起來，英國報紙主張割據主義，把軟性新聞放在軟性欄內，硬性新聞放在硬性欄內，割據主義不方便之處頗多，例如某政治家被暗殺，此種記事可由兩種觀點來寫：一由政治方面，二由社會方面，由政治方面寫是爲硬性，由社會方面寫是爲軟性，寫硬性方面的注重政治家個人，寫軟性方面注重于暗殺的事實，若把軟硬二性分開，紙面便不經濟，讀者的時間也不經濟，由此看來，非採用混合編輯法不可。

新聞記事登在報上是以整個社會爲主體，辦報者的內部組織非常複雜，不能統一及連絡，要統一連絡也非用混合編輯不可。組織統一的機關叫整理部 Make-up Editors。若不採混合編輯則整理部亦等於無用，例如失業問題，本是普遍現象，此問題一發生，各處通訊員均有關于此問題之報告，約可分爲——

（一）外埠　（二）電報

（三）政治方面觀察　（四）社會方面觀察來寫

以上四種報告整理部可把他分別整理，把各處寄來相同的新聞集中一處。

辦報的目的在提高社會文化事業，故應先提高讀者的智識，大多數讀者對硬性新聞不大注意，歡喜看軟性新聞，特別是中國的讀者，這種現象是畸形的。辦報者若使讀者對軟硬兩性新聞，同樣注重，就非採用混合編輯不可。此法可以打破國民看報的惡習，同時可以使讀者知道政客的言論，市井的言談，大羣人民死亡，火山爆發等事，均有同等價值。

實行混合編輯後，報館方面組織可以單純化，記者寫稿時同時可以採用幾種不同的觀點，外內勤記者之職責亦已一樣了。例如寫上海小學教員之待遇問題，記者可用兩種觀點來看，一由政治觀點，卽國家教育部注意之事，若待遇不好則教員之生活不能解決，亦可視爲一種社會問題，此二點同時登載出來，則新聞價值更能顯著，有價值之新聞可排入重要地位。中國報中的經濟，教育，尙另排一欄，因一半係副刊性質之故。例如公債，商情，均不能列入新聞欄中，只能視爲附刊。

採用混合編輯法以後，編輯部應設「整理部」，担任「編輯整理」(Make up) 的工作。

編輯整理時，應該注意之事項有六：

(一)選擇　(四)標題適當與否

(二)取捨　(五)拼版

(三)排列　(六)校正

編輯整理爲編輯最後之程序，各報館之方法不同。在英美有 News Eeditor or Makeup Editor 擔任。多半用一圓桌子，大家坐在一處共同來做。關于編輯整理之原則，舉例如次：

(一) N.J. Rudder(New York Times) 之說。

A　新聞記事與事實無差異（與調查部及整理部協作）。

B 勿構成誹謗罪（在公堂未判决以前報紙不能下斷語是犯何罪，犯人可以提起公訴的，例如『××××黨被捕』等，均不合法）

C 看錯字（在歐洲十七世紀時，（1632年）英國出一部聖經，出埃及記中之十[redacted]第七誡爲不要姦淫 "Thou shalt not commit adultery" 中，竟落了一個 Not[redacted]，永久傳爲笑話，稱爲 "Wicked bible" 云）

中國字常有很多印錯的例，如——

尼姑——屁姑　姿態——婆態

大使——大便　娘娘——猥猥

白刃——自刃　失敗卽成功之基（正）

殿下——殿下　失敗卽成功之墓（誤）

D 新聞價值判斷有無錯誤。

E 文法，句法，造句，用語，有無錯誤。

(二)Bleyer 之說：

A使紙面重要消息平均，

B使內容不同的消息易於找尋，

C整個紙面引人注目，

D有興趣新聞應放在前面（美國式編輯法）。

問題

上海各報，已採用混合編輯法者，共有幾種，試比較其優劣之點。

實用新聞學

謝六逸編

第十四章　硬軟兩性新聞的編輯方針

講到硬性新聞與軟性新聞的編輯方針，我們應該用美國報紙做參攷材料。美國的報紙有的偏重硬性新聞，有的偏重軟性。例如 New York Times 就是注重政治，外交等硬性新聞的第一流報紙。當歐戰結束時，和平會議消息，異常祕密，不易得到，而 New York Times 的記者跑到一家印刷店裏去抄全文，一面則打電報，他用巴黎全市廿四家電報館來打全文的電，在巴黎和約未公佈之前，美國報紙已經把全文登出來了。有人說該報的記載漫長，但他們始終不改其方針。美國芝加哥之 Obicago tribune 亦注重硬性新聞，但簡潔而不長，且注意趣味性，第一張爲論說和漫畫，二者都注重 Feature Story（特寫）。

美國 Hearst 系之報紙多注重軟性新聞，如 New York American, Chicago Herald

and Examiner, San Fransisco Examiner, New York Evening Journal 等報，以挑撥、誇張、誘惑、驚異為軟性主材，即寫硬性新聞亦用軟性去寫。Hearst 系為美國報界大王，大主筆為 Brisbune，薪金數十萬元，為全世界記者薪俸之最高者。某教育家曾經調查三個月內美國注重軟性新聞的報紙，所登事件如次：

(一)有關風紀的新聞，有三千九百件，

(二)不健全的記事，有一千六百八十四件，

(三)不平凡的記事，有二千一百件，

(四)有價值的記事，二千九百件，

但第(四)之新聞不過占百分之卅而已。

在 Boston 的 Christian Science Monitor 報與 Hearst 系報恰好相反，凡不道德與影響風俗者，一律不登，但他的「郵訊」欄"Mail News"甚佳，對外交、產業、國際貿易特別注意。

在一九二三年四月二日至廿八日，華盛頓開美國第二次新聞記者大會時，大多數人主張採用倫理運動，他的要點是：

(一)新聞記者責任，

(二)新聞記者要獨立，

(三)新聞記者要誠意，

(四)出版自由，

(五)公平無私，

(六)正大光明，

(七)端正。

以上七項，可以補救軟性新聞之缺點。

我國報紙，爲政黨辦者多偏重宣傳，利用新聞政策。此外的報紙多爲營利，無主張亦無主義，我們不願此二趨勢長此下去，應爲民衆服務，現在應注意之點，一爲邊疆問題、國際問題、在中國僅有路透與哈瓦斯二電訊社，是不夠用的，最好方法由報館委托留學國外之中國留學生做通訊員，有華僑之地則委託該處華僑學校之教員爲通訊員，此外凡城市自治團體成績昭著而富有朝氣者，及農村破產，經濟恐慌，建設消息，均應注意，作爲硬性新聞之資料。

「經濟」一欄，亦爲硬性新聞，應注意下列各點：

- (一)內勤記者
  - (一)普通經濟編輯(現無)
  - (二)商情編輯
- (二)外勤記者
  - (一)公經濟(官所)
    - 財政部(理財、租稅)
    - 實業部
    - 交通部(船舶、電信)
    - 鉄道部(運輸)
  - (二)私經濟(農工團體)
    - 各種產業
    - 機械等
  - (三)金融情形
    - 普通的
    - 國際的

（四）（商場）｛商場（市場）｝｛經濟通訊員｝

編輯軟性新聞時，我們要提倡倫理運動。

新聞之倫理運動可分二點：（一）在編輯上（二）廣告上。

記者對于「倫理化」應注意之點，列舉如下：

（一）記者須有信念，須有做人的宗旨，不可視人生為兒戲。須有嚴肅之態度。現在的社會是病態的社會，染這種病的人很多，記者看見這情形，對于一般善良人類受其威脅，須採取外科醫生之態度。

（二）記事或調查，務求確實，不受金錢之誘惑，若顛倒是非，則犯誹謗罪名。對淫奔、自殺、餓死等消息，須注意事件之本身、及其背景，不可嘲笑。倒如街上有餓死的人，一定是慈善醫院，或警察辦得不好，才有此現象，現在的報紙，對此等記事多未注意。

（三）注重責任觀念與尊重他人之人格，例如記者摘發祕密，暴露事實時，應負完全責任。

（四）選擇標準提高（對中國社會而言），登載麻醉之新聞，對于教育有絕大影響，强姦一類之消息應減少，最好改「强姦」二字爲「凌辱」或「侮辱」。

我們爲使新聞大衆化，所以軟性新聞不得不登，但須改良，文字的應用尤須注意，外國採取軟性新聞有通報員，幷非靠做記者爲生的，例如火車站之警察，馬路上之巡捕均可充任，幷不是要他寫文章，只要事情發生時報知報館便可以了。

軟硬二性共通注意之點：

（一）文字方面——欲使看報人一看就懂，不費腦力，一方面對民衆教育有一貫目的，須編一本「新聞常用字彙」或「新聞上所用之名詞」，約三五千字，如此則可避免許多艱深的字，且係用白話之初步，在日本已做此種工作，文言與白話幷用，在中國尙無。

（二）記事中勿加意見——在體育新聞中最常見，若記者自加意見，足以影響讀者的特斷，與銷路亦有關係。

第十五章 副(附)刊編輯

副刊之價值與新聞相同，蓋可滿足讀者之慾望，完成新聞之文化使命。

副刊分學藝、家庭、婦女、兒童、無綫電等欄。

(一)學藝方面有：

A 長篇小說

B
- 文藝評論
- 演劇評論
- 美術評論
- 音樂評論
- 電影評論

C
- 一般文化的紀錄
- 學術消息
- 世界新聞

D 文藝隨筆
- 小品文
- 隨感錄
- 科學隨筆

（二）家庭方面的有

A. 女性問題

B. 兒童漫畫

C. 科學智識

D. 育兒衛生

E.大衆醫學

F.消費經濟

G.生活改善

H.海外婦女

I.思想問題

J.婦女解放

K.女校運動

L.社會人生觀

M.流行品批判

凡任副刊編輯者，應在編輯室中張貼左列之表格，用以登記各種性質的稿件，此表對於稿件的安排，請作家寫稿時，均有用處。

日期 ＼ 類別	長篇小說	文藝	演劇	電影	美術	音樂	學術	世界新聞	小品文	科學	隨感錄
×月×日星期×	×				×				×		×
×月×日星期×			×			×				×	
×月×日星期×		×		×			×	×			
×月×日星期×	×				×				×		×
統計											

日期 ＼ 類別	兒童	女性	醫學	流行品	海外婦女	女權運動	育兒研究	漫畫	人生觀	婦女解放	其他
×月×日星期×				×				×	×		
×月×日星期×			×			×					×
×月×日星期×	×	×			×		×			×	
×月×日星期×				×				×	×		×
統計											

(註)表中×符號表示此類稿件已經收到。

問題：

試批評上海各報副刊之編輯法及其內容。

實用新聞學

謝六逸編

第十六章　地方版編輯

紙面可以分爲二種：

(一)市內版——供給報館所在地之讀者。

(二)地方版——供給報館發行地以外的讀者。

地方版有二大要點：

(一)提早編輯印刷時間，可以早些送至附近城市，

(二)特編一版或二版，附在本報內在一定區域內發行。

以上二種之共同目的，在擴張自己報紙之銷路，又可侵略該處地方之報紙，如蘇州杭州等地(上海申報和新聞報曾辦過杭州地方版)。

攷地方版發行的歷史，當推英國，最早的地方版爲1895年之 Manchester Guardian。

倫敦方面之 Daily Mail 的地方版爲推至英國北部及法國巴黎等處。又 Daily News 也發行英國中部之地方版。

美國最著名的報紙爲 Chicago Tribune，他的銷路在 Illinois，Wisconsin，Indiana，Michigan，Iowa，Ohio，Minnesota 等州特多，在前年 1932 年之晨報爲 778,000份，星期爲一百卅萬五千份。他的地方版分三種(連市內版在內)：

（一）City 市內發行者

（二）Suburban 近郊發行者

（三）Country 市鎮發行者

該報晚報的編輯最忙，因早上到晚上要編七次，第一次印好後送至最遠的都市去，送出以後若有新消息發生時，那麽第二版中便須插入去。

在紐約的 New York Times，New York World，New York herald Tribune 等報均提早出版，採用第（一）種方法。

地方版不可辦成官報或半官報式之報紙，編輯上應注意「有地方性」之新聞爲主。須採用與該地人民有利害關係的消息爲上。

有地方性之新聞如次：

(一)地方上之各種會議，
(二)地方上之各團體消息，
(三)關于市鎮鄉村之各種報告，
(四)農工的活動情形，
(五)農作物生產，
(六)地方金融(銀行)，
(七)農工糾紛，
(八)地方演說會及風俗的集會，
(九)要人之來往，

(十)學校消息，

(十一)蠶絲肥料價格及販賣情形，

(十二)學校運動，

(十三)軍隊來往。

目前中國之地方版應特別注意者爲：

(一)農村恐慌之一般狀況，

(二)江浙二省副業沒落狀況(養蠶等)，

(三)租稅狀況(人民納稅情形，有無反抗等情)，

(四)農產物價格暴落之原因何在。

問題：

試估定下列地方版新聞之價值：

（一）某縣大雪。

（二）某縣人民反對縣長。

（三）某地銀行成立。

（四）某地紳士受表彰。

（五）某地人民要求免租。

（六）某縣農人無法完債、自縊屋中。

第十七章 評論

報紙有二大功能，（一）爲報告消息；（二）爲輿論機關。報紙在幼稚時代，僅當作輿論機關，Mr. Shuman 在他的實驗新聞學（Practical Journalism）裏曾經說過，美國之獨立宣言在一七七五年七月四日發表後，若報紙爲報告消息者，卽應當時卽登載，但紐約報過了十天才發表，在波士頓之波士頓報過了廿天才發表，可見昔日報紙之注重輿論，而輕視報道。

評論是否即能代表輿論，尙屬一疑問，先有社會後有新聞，評論須得大衆之擁護，始能代表輿論，但在中國則沒有這樣的報紙。

報紙評論起源於何時，已不可考，在十八世紀時英國有 Mist's Journal（報名）中有 "Letter Introductory" 一欄，刊登長篇論文。在美國一七二八年有 "Boston News Letter" 報，亦有時評，寫評論者稱 Editor，是爲「評論」之嚆矢。

評論爲思想的產物，思想以智識做基礎。評論須有豐富之思想，否則即無感化力，評論做得不好，可影響報紙之銷路。同時評論爲人格之表現，「文者人也」，故寫作者之人格高，其文章亦高尙，凡人格有缺點者，亦可由文章上看出來。

寫作上的原則——材料應以新鮮的 Current Topic 爲主，用解說的批評，指示讀者，取材的原則雖爲時事問題，但應該把範圍擴大，也可以取材於科學，文學。

寫作的注意——寫作評論應有兩種觀念：（一）新聞的立場，（二）社會的立場。寫某一事實時，亦須有二種觀察：(一)綜合觀察，(二)部份觀察。第(一)種又叫鳥瞰態度(Bird's eyes views)，卽先攷察事實的來源，現象，與未來進展，把各種事實都注意到，此又稱綜合觀察，"無論何報紙寫評論均不出此二法。須二種方法可以併用，若僅用部份觀察則範圍不免過狹。

美國新聞記者 Harding 對時評舉出六個要點：

(一)對一切問題，須看事實的兩面。(有好處亦有壞處，有贊成者亦有人反對者是)

(二)確實可信(注意道德方面，與報館信譽有關)。

(二)記者因主觀太重，偏見難免，故取材宜愼。

(四)高尙、公平、寬大；(卽道德要高尙，氣量要寬大)。

(五)人性本善，須使被評論者有退步餘地。

(六)政治評論，對各黨派須一視同仁(注意新聞的立場)。

評論可分爲社評與時論兩種，社評代表整個報館，由編輯部聘請各種專家，組織「

評論委員會」輪流作稿，稿成後，用「不署名制」發表。時論多爲長篇論說，並不代表報館的言論，由作者個人署名發表。

問題：

(一)剪存各報有價值之評論。

(二)比較各報之評論，試批評其意見及文字上之優劣。

實用新聞學

謝六逸編

第十八章　採訪

新聞記者職務上與他人會見，新聞學上稱爲採訪。其目的在蒐集新聞，寫作記事。英國新聞記者C. E. Russel說，要克服這採訪的困難工作，記者必須有比常人超越的智識，亦須機警，須培養人性，熱心研究人間生活、事務，而且對於一切事物，須有興味，始克勝任愉快。

「採訪」分爲**人物訪問**(interview)與**採訪事件**、分述如左——

(甲)**人物訪問**

英記者Alfred Baked說，採訪是用一種文字去描寫他人的工作、意見、境遇及與某人有關之著名事件，在描寫時應該忠實圓滿。

美記者 Harace M. Swetland 舉出十條採訪法：

(一)要求會面時，須與對方約好一準確時間。

(二)在會面時須預先調查對方之人格、經歷、學術思想、在社會上之地位及其興趣。

(三)預先準備會見時應發問之項目。

(四)警戒記者勿取便宜，即不要期待對方供給之情報(如印定之新聞)，須靠發問得來的消息。

(五)提出之發問問題，須得要領。

(六)發問時勿大率直，須委婉曲折。

(七)緩圖(若對方常顧左右時，則不宜再問)。

(八)注意禮貌、服裝、切忌爭辯、及否定對方之說話。

（九）統計與數字材料，未發表前最好送給發言人先看一過。

（十）勿久坐，完畢後即可告辭。

美國新聞學者 Bleyer 說，美國新聞記者之採訪共分五種方式：

（一）直覺的會見Interviewing by intuition 如在車站遇見要人，作一簡單之談話是。

（二）反語的會見 Reversible interview 即與對方談話時，故意說反面的話。

（三）承虛衝撞發問Woodew interview 即經記者詐問之後，對方之消息，不覺衝口而出。

（四）現成的文件 Prepared interview Statements。

（五）鼓吹的訪問 Inspired interview 即對方招待新聞記者，記者應約而往。

右述三氏之言，實爲人物訪問之要點。

事物採訪可分爲突發新聞之採訪與預定新聞之採訪，玆先述突發新聞之採訪。

(乙)事件採訪

突發新聞之採訪

突發性之新聞，大別爲二種：(一)遇險，(二)災害。

災害分火災、地震、洪水、風暴，爆炸、海灘，火車飛機汽車電車之失事等。

採訪時應注意之事項：

(一)死者數目。

(二)傷者數目。

(三)死者傷者之姓名、住址、年齡、英文報則另設一欄，例如——

TROLLEY CRASH VICTIMS

THE KILLED

MAME	NAME	NAME
NAME	NAME	NAME

THE INJURED

NAME	NAME	NAME
NAME	NAME	NAME
______	______	______
______	______	______
______	______	______

(四)顯著之人物和地名。

(五)損失數目與性質，全部或一部份。

(六)財產損失或破壞（動產抑不動產）。

(七)原因與責任。

(八)各方面的調查研究。

(九)預防同樣事件發生之意見。

(十)事件可能的或實際的結果。

(十一)此次事變中有無特異之事件發生。

(十一)救助情形，有無特別英雄之行爲 Heroism，可以大筆特書者。

△登載遇險新聞之目的：

(一)使看報人知所預防。

(二)使看報人引起同情心(在我國尤應特別注意)。

(三)鼓勵英雄行爲及其他道德。

△犯罪亦屬突發性之消息，採訪時應注意事項如下：

(一)生命受害的危險程度及數目。

(二)被控犯罪者之姓名。

(三)嫌疑被補者與證人。

(四)受害者之姓名。

(五)證明犯罪者之線索。

(六)原因、動機、責任、(已知者、或可測度者)。

(七)損失的總數或性質。

(八)犯罪時所用的方法。

(九)防止同樣犯罪的測度。

△登災害新聞的立場和目的，有三：

(一)記者須明是非曲直。

(二)預防。

(三)引起他人的同情。

預定新聞之採訪

記者須認清楚消息之來源，若非突發性，必屬於預定新聞。可以採集預定新聞的機關甚多，下列即其一例。

(一)政治中心

(二)消防隊

(三)驗屍所 Coroner's Office

(四)衛生局 Health Department

(五)登錄局 Recorder or Register of deads

(六)地方監獄

(七)財務局

(八)知事公署

(九)刑庭、民庭(公堂新聞)

(十)遺產管理處

(十一)破產判斷處

(十二)房屋檢吏 Biulding Inspector

(十三)公益委員會 Public Utilities Commission

(十四)航業所

(十五)學務處

(十六)慈善總會

(十七)商會與交易所 Board of Trade and Exchange

(十八)旅館

(十九)總商會 Chamber of Commerce

預定性新聞如爲「年中行事」(卽集會、開審，祭祀等)，報館編輯部早已將它列爲一表，掛在編輯室內，屆時派遣外勤記者，前往採訪。外勤記者的職責就在於跑腿(Run)和製稿。申報的採訪部由主任負責，採訪記者分布於「公堂」「市政府」「交通機關」(例如火車站)各地，獵取消息。

題問

試選某日申報之社會新聞，測定其來源。

實用新聞學

謝六逸編

第十九章　新聞發行

（一）生產與消費——生產與消費有互相之因果關係，故消費與生產須保持平衡。新聞幼稚時代，爲預約的生產，卽有多少人看報，卽印多少份報紙。自歐洲產業革命，資本主義發達後，新聞卽變爲大量生產，（又稱市場生產與預想生產。）報紙發行應注意之點列下：

（A）保持信用 a. 避免虛僞的消息。

b. 擁護大衆利益，使報紙成爲大衆之安慰者。

（B）新聞形式 a. 使紙面整齊，

b. 不用有顏色的紙張，

c.銅版須清楚，

d.廣告藝術化。

(C)定價適當。

(D)注意發送方法與用人。

(E)資本充足，設備完全(例如資本雄厚可用飛機運送報紙，或用大型機器印刷。)

(二)發行方法：

(A)中國方面 a.直接送至消費者，

b.發行之分館，

c.發行代理者(如香煙店)，

d.報販。

(B)英美方面——在交通發達之地，如地下鐵路，公園，十字街頭，劇場中設賣報台，多無人管理，買者把錢放至桌上卽可取報一份。

(C)法國方面——有販賣公司 Lágence Hachette，對各報館均一似同仁，由公司設分銷處，名叫 Kiosque，設置多少分銷處，則看人口多少而定，公司可向報館取佣金。

(D)日本方面——用英美方法，法國方法正在採用，日本正式定戶多，而少浮浪讀者。日本報紙銷售的收入與廣告費一樣，有人籌辦一大報紙代送公司，定資本一千二百萬元，目前尙難實現。

(三)發行政策

須有多數之消費者，報紙始有生路。消費者少，報館卽患貧血症，一方面須維持舊定戶，同時又須獲得新定戶。

發行之政策有二——

（一）經濟要素——注意報紙發行地是否爲城市，人口之密度如何，職業狀況，生活程度如何。若係工商業之報紙拿到農村去賣，便無銷路。美國 Hearst 辦 Chicago American 時，目的在銷至平民階級去，僅賣三分，同時有 M. E. Stone 辦的 Chicago Daily 是銷至智識階級的，定價僅二分，而銷路反不及前者之多，此卽因前者曾研究上述經濟要素之故。

（二）社會要素——對讀者之態度應加注意，對某區人民平日信仰宗教政治與教育等觀念亦須詳細研究。

（四）發行份數的增量——「銷數」爲通用的術語，亦卽發行份數。發行份數的增加有兩種：

A 自然增加（亦無方法，由編輯，經營廣告各部努力所致）

B 人工增加（用補助手段）

美國報館採用勸誘制度 Solicitation，美國 Indiana News 發行部主人之勸誘規則如下：

（一）注意送報工具（如車、飛機等）。

（二）每日由報館派人出外訪問未經定報人家，至少須至三處。

（三）注意報館派出之送報人之舉動。

（四）爲定戶服務。

（五）須親切和靄。

（六）收費正確，避免爭論。

（七）注意空房子，（送報者見有人遷入空屋時，則須送報給他看）。

（八）注意舊定戶之遷居。

美國 Daily Mirror 又常常利用機會，推銷其報紙。當足球季時，在報上懸賞，預測勝負，得中者有獎金。美國世界日報 New York World 用 Coupon 制度，報上刊印印花，看報者可以剪下保存，到了指定的數目時，便可換取日常用品，稱爲 Premium System這些例子可供我們的參考，但是報紙正當的發達，是自然的增量，人工法只可補助，若認爲非用不可，那就錯了。

美國有智識份子組織團體，它的目的在拉名家稿子，供給各報館的作品。例如通俗科學智識，健康衞生問答，家庭經濟，漫畫，運動，特別經濟通訊等稿件。有的報館利用他們的稿子，借以推廣銷路。

（四）發行部之職責——第一在訓練本部職員，組織須完善。發行部主任應注意之地方：

（一）在發行區域內，分配勸誘人員。

（二）訂戶是否因爲新聞有特長所以定報。

（三）訓練職員（特別在行爲方面）。

（四）用科學方法統計發行份數，用表格表明之。

第二，研究與本報競爭的報紙，注意他人之長，覺察自己的短處。

（一）使讀者來信批評，以便改良。

（二）注意定戶中止之原因，須作統計。

（三）注意新定戶之增加，亦須作統計。

（四）研究各報（全一地方）的販賣份數，以一天爲單位。

（五）調查各報送報之方法。

（六）叫賣者及分銷處（如上海之香煙店）之統計。

第三，對定戶之各項注意。

（一）送報人須于規定時間內送到，可用回單，請定戶寫明幾點幾分鐘收到。

（二）使送報人熟悉配達路綫，及競爭各報之配達路程。

（三）讀者的希望，須由送報者使之滿足，注意訂戶指定放報之處。

其他應注意之事項如左：

（一）發行部的支出須簡單，用款不可過多。

（二）編製訂戶名簿，此爲最重要而又最難辦理者。在美國採 Card System 。書報之銷行與定戶簿有密切之關係，宜守祕密。

（五）**發行部與讀者之連絡方法**——各部職員須熱心誠意，使讀者與發行部切實聯絡。例如徵求讀者對報紙內容形式的批評，亦爲最好的方法，問題如下：

（一）印刷方面滿意與否？

（二）對刊登照片，凡印像佳者可列舉出來。

（三）喜歡何種長篇小說，何種性質，爲何喜歡？

（四）文字中之插圖（美術作品）你喜歡誰人的作品？

（五）對一般記事有何意見？

（六）對于報中的記事與小說，有無意見？

（七）對各種附刊有何希望？

（八）經濟新聞，看得懂麼？要如何改良？始看得懂？

（九）對報中漫畫有何意見？

（十）運動記事照目前的登法滿意否？

上列十問，可用卡片，留開空白給人塡上，交送報人送給訂戶，徵求回答。

發行部對訂戶之減少，須隨時調查其原因所在，可分（一）讀者本身變故，（二）遷居，（三）生活變化，（四）其他。若報紙原有一百份，現忽減至卅份，則報紙必有不健全處。

如欲增加訂戶，可用勸誘員勸誘，有一次美國 Editor & Tub'isher 徵求如何始能使報紙銷路擴大的方法，Kansas City 之 Star 報主張用勸誘員勸誘。此法同時可以防止減少。此外有幾家報館的方法，殊爲可笑。例如 Marked Coly System 者是。卽向自治公所去調查本地有無人家生孩子，及造房子，把該消息登在報上，刊出之後，以一份用紅鉛筆劃出，寄給生孩子或造房子的人家。他的用意無非欲博他人之歡心，使該戶訂閱報紙。還有報館獲得某人組織新家庭時，報館把印好的祝詞送上，由報館主人署名，如此可得新定戶，在中國則無此種風氣，故不能採用。

（六）**表示發行份數的方法**——新聞學上稱銷數為 Circulation，調查銷數的方法如左：

（一）一年內報紙發行增減之程度。

（二）元旦日之份數（以五年或十年為標準）。

（三）農繁時期份數，因此時讀者減少（中國不適用）。以六七月為標準，看最低份數，有若干。

（四）某日的份數（每月平均數）。

（五）某月的份數（每年平均數）。

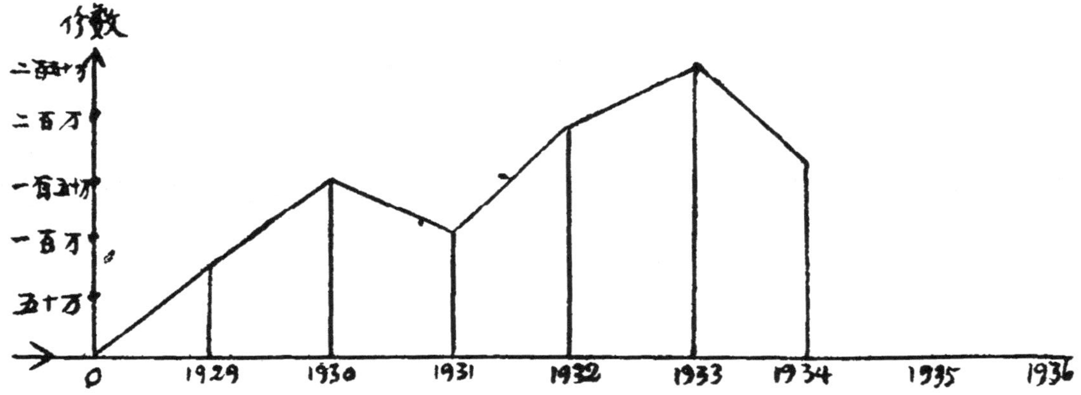

（六）自稱份數Chaimed Circulation，即不實在的份數。此與廣告主人有關，因廣告主須見報紙銷路大，才肯登廣告。美國廣告主有A. B. C.的組織，專門調查報紙銷路，原文為American Audit Bureau of Circulation。報館亦可派員參加，公平無私，此種制度，始於一九一三年。A. B. C.的構成如下：

（一）廣告主人協會，

（二）廣告代辦者或廣告公司，

（三）出版業主人。

選舉職員時，廣告主人佔執行委員名額大半數。故報館不能蒙蔽廣告主人。

廣告主人亦可用簡單方法計算「自稱份數」是否準確。例如在元旦日某報自稱銷數爲440,000份，廣告主人先查該報之分銷處若干，送報人若干；訂戶則可在報館內調查之。

例如分銷處有一百五十所，

分銷人員每處平均八人，

每人送報二百份，則——

自稱份數440,000—(150×8×200)＝240,000分

若照自稱份數銷處應有440,000÷(200×8)＝257所，若照自稱份數送報人應有440,000÷200＝2200人

此外如美國Hearst報紙，他們在報上登出每天發行份數，今天的報登昨天份數，實爲取信讀者的好方法。

問題：

調查我國都市報紙的發行方法。

第二十章　結論

研究新聞學務求理論與實際工作並重，理論求其精深，實際工作求其熟錬。我國報紙尚在幼稚時代，如沒有精深的理論，便不能促進報紙的改進；其次，我國新聞記者雖能担任實際的工作，但在技術上還有不少的缺陷。本科講義的目的有二：（一）介紹新聞學理論，（二）注重技術的訓練。除了講述理論的各章，均有實例供學者的參考。希望本校學員對於寫作多多練習，並注意各種新聞記事的體裁。至於採訪工作亦可自己練習，新聞記者除了兩手的工作，最要的還得數到兩條腿的工作，惟須視學者能否善用兩手與兩腿，如能勤加練習，自能成爲優良之新聞記者。編者擱筆之時，對於本校學員，實有莫大的希望。

實用新聞學講義終

图书在版编目（CIP）数据

实用新闻学 / 谢六逸编. —北京：中国传媒大学出版社，2018.3
（中国近代新闻学名著系列丛书 / 芮必峰主编）
ISBN 978-7-5657-2251-6

Ⅰ. ①实… Ⅱ. ①谢… Ⅲ. ①新闻学 Ⅳ. ① G210

中国版本图书馆 CIP 数据核字（2018）第 042614 号

中国近代新闻学名著系列丛书
芮必峰 主编

实用新闻学（上下）

SHIYONG XINWENXUE（SHANG XIA）

编　　者 谢六逸
策划编辑 司马兰　姜颖昳
责任编辑 姜颖昳
封面设计 拓美设计
责任印制 阳金洲

出版发行 中国传媒大学出版社
社　　址 北京市朝阳区定福庄东街 1 号　　邮编：100024
电　　话 86-10-65450532 或 65450528　　传真：010-65779405
网　　址 http://www.cucp.com.cn
经　　销 全国新华书店

印　　刷 北京华联印刷有限公司
开　　本 787mm × 1092mm　1/16
印　　张 21.5
字　　数 150 千字
版　　次 2018 年 6 月第 1 版　2018 年 6 月第 1 次印刷

书　　号 ISBN 978-7-5657-2251-6/G · 2251　**定　　价** 98.00 元（全二册）

中国近代新闻学名著系列丛书

芮必峰◎主编

实用新闻学（上）

——谢六逸◎编——

中国传媒大学出版社

·北京·

编 委 会

主　编　芮必峰

副主编　姜　红　刘　勇

编　委　贾　南　周　彤　张冰清　侯普曼

出版说明

本丛书整理再版了近代在中国用中文出版的经典新闻学著作，所涉及的图书既有专著、教材，也有译著，全面涵盖了新闻学理论、新闻业务、新闻史等领域，成书年份前后跨越40年。在这40年间，中国的新闻学科从无到有、从借鉴到创新，成就巨大。对这些著作的再次出版，为研究中国近代新闻学提供了珍贵的史料，绘制了中国近代新闻学的全景，度量了中国近代新闻学的厚度，填补了该领域空白，也为纪念中国新闻学诞生100周年献上了一份厚礼。

我们请中国人民大学新闻学院教授、博士生导师，广西大学新闻传播学院院长，教育部社会科学委员会委员兼新闻传播学科召集人郑保卫，及中国传媒大学传播研究院院长、教授、博士生导师，中央实施马克思主义理论研究和建设工程新闻学首席专家雷跃捷对本丛书的内容进行了审定，并根据专家的意见进行了修改。在此对两位专家所付出的辛勤劳动表示衷心感谢。

由于历史原因，本丛书中的个别图书存在一些问题，为保存历史原貌，为研究者提供一手的参考资料，影印时均基本保持其原貌，未作大的删改，希望读者结合当时的历史条件和历史环境，对其中的观点进行批判性借鉴。原书中存在一些错别字、漏字和排版错误，我们在影印时均未做改动，敬请读者注意。

由于原书出版年代久远，本丛书中的许多书籍难觅其踪，存世数量稀少，版权状况极其复杂。为了保证本丛书的学术性和完整性，我们将具有价值的图书先行选入其中，进行了抢救性发掘，力图保存中国新闻史珍贵的历史资料。版权所有人若有异议，请及时与我们联系。

为更好地体现中国近代新闻学的发展脉络，本丛书特别收录了欧美学者休曼的《实用新闻学》、斯蒂德的《新闻学的理论与实际》；日本学者松本君平的《新闻学》、后藤武男的《新闻纸研究》、杉村广太郎的《新闻概论》。当年这些书的出版对中国近代新闻学具有一定的借鉴意义。

本丛书为影印制作，成书清晰度由原书决定，由于出版年代久远，受当时生产力水平及制作方法限制，难免会存在一些缺陷，敬请读者谅解。

中国传媒大学出版社

总　序

如果从1903年商务印书馆编译出版日本人松本君平的《新闻学》算起，中国的新闻学已有115年历史①。如果从1918年北大新闻研究会建立，徐宝璜开办新闻学讲座算起，中国新闻学教育和研究迄今正好100年历史。我们搜集整理了清末至民国期间一些有代表性的新闻学书籍，希望借此重现早期中国近代新闻学的本来面貌，反映我国新闻学发展的历史脉络，我们认为，这对中国新闻学术、教育史研究以及中国近现代思想史研究都是很有意义的。

从1903年到1949年9月的40多年间，我国公开出版和内部印行的新闻学书籍，包括专著、教材、论文集、资料汇编、参考工具书等，约468种之多。②它们集中反映了我国新闻学的历史发展轨迹。然而，由于多种原因，这些书籍除了几本曾被重印出版外，大多已经是“只闻其名、难觅其踪”，这对我国新闻学研究不能不说是一个遗憾。

本丛书在梳理1903—1949年间出版的有代表性的新闻学书籍的基础上，精选了50部著作，校订注释，编纂再版，也算对这一遗憾的弥补。

从我们挑选的这50部新闻学书籍来看，中国早期新闻学的发展有三个鲜明的特点：

一、中国早期新闻学的发展与中国社会发展，尤其与国家民族利益息息相关

40多年间，中国新闻学从近乎空白到勃然而兴，这与中国社会的动荡、变

① 黄天鹏回顾新闻运动时说：“有清光绪二十八年，商务印书馆刊行《新闻学》一书，为我国人知有新闻学之始，原书为日人松本君平所著……”资料来源：黄天鹏．新闻运动之回顾［A］．黄天鹏．新闻学名论集［C］．上海：上海联合书店，1929．

② 林德海，等．中国新闻学书目大全1903—1987［M］．北京：新华出版社，1989．

革休戚相关。西方新闻学是现代化的产物，最早形成于19世纪末20世纪初。1901年，“新闻学”一词首见于中文报章[①]，但直到民国前夕，国人对于“新闻有学乎”尚存疑，认为报社就是新闻人才的“养成所”。至1912年上海报业俱进会以“吾国报业之不发达……其最大原因，则为无专门之人才”[②]为由，号召组织报业学堂，培养报业专门人才。不难看出，此时新闻界亦将新闻学视为办报之“技”。至1918年邵飘萍为徐宝璜《新闻学》作序仍“窃叹我国新闻界人才之寥落，良由无人以新闻为一学科而研究之者”[③]。黄天鹏把1903年至1918年新闻学研究会建立之前的十余年视为中国新闻学的启蒙期。[④]

1918年，随着以启蒙为目标的新文化运动愈演愈烈，新思潮涌入国门，“新学”“西学”站在旧传统的对立面被学界关注，新闻学思想也不例外。作为公学之首和新文化运动中心的北京大学率先开办新闻学研究会，力证了“新闻学”存在的正当性；徐宝璜《新闻学》一书问世，成为中国新闻学理论的奠基之作。新闻学教育兴起，新闻学研究著作渐盛，待到北伐前夕，中国新闻学从学理上和实践上俱已建立起来。

新文化运动后期，马克思主义传入中国，资本主义文明逐渐“祛魅”。之后的大萧条使得西方国家的痼疾暴露无遗，曾经“理想之彼方”的西方报业也难以幸免。在这一时代背景下，如何建立“吾国之报业”成为新闻学研究的热点，围绕这一热点，一方面，关于中外新闻理论、新闻事业、新闻业务的著作日益涌现；另一方面，军阀对于激进言论的暴力摧残，又引发了新闻人对于言论自由的论争。20世纪20年代的中国新闻学呈现百家争鸣之势。

“在这言论自由纷争之际，也有若干论调，认为新闻纸不过是一种政治宣传的工具，在新闻学方面也唱过所谓社会主义的新闻理论，不过这种论调没有完成，当头的国难已把这种理论粉碎。”[⑤]“九一八”事变后，面对空前的民族危机，“国家至上、民族至上”成为国论，报业成为勾连与动员社会的渠道和网络，

---

① 梁启超. 本馆第一百册祝辞并论报馆之责任及本馆之经历［J］. 清议报，1901（100）：1–8.

② 戈公振. 中国报学史［M］. 上海：上海书店，1989：278.

③ 徐宝璜. 新闻学［M］. 长春：时代文艺出版社，2009：7.

④ 黄天鹏. 四十年来中国新闻学之演进［M］//龙伟，任羽中，王晓安，何林，吴浩. 民国新闻教育史料选辑. 北京：北京大学出版社，2010：149.（以下征引本书时，一律简注为《民国新闻教育史料选辑》。）黄天鹏在此文中提出他对于1903年到战事结束的40余年间中国新闻学发展阶段的划分，原载《中国新闻学会年刊》第1期，1942年9月。

⑤ 黄天鹏. 四十年来中国新闻学之演进［M］//民国新闻教育史料选辑. 北京：北京大学出版社，2010：161.

致力于推动“舆论统一”。直到全面抗战中期之前，以战争宣传动员为主要研究目标的“战时新闻学”都是新闻学研究的热点。

1943—1949年中华人民共和国成立前夕，随着战争形势的转变，抗日战争已现胜利的曙光，中国新闻学人开始构想新闻业的未来。萨空了①于1943年开始着手书写《科学的新闻学概论》，旨在提醒新闻人应“鉴于美英的前车”②，避免报纸“为大财阀资本家所独占”③，“积极地设法使报纸成为大多数民众自己的相互报道消息、提供意见的工具”④。

二、中国新闻学是“西学东渐”的产物，中国早期新闻学人大多具备西学背景

“西学东渐”的内在精神是中体西用。在“用”的招牌下，西学大量涌入。中国新闻学直接引自日本和美国。首先，中国最早的新闻学译著分别为1903年商务印书馆编辑出版的松本君平的《新闻学》和1913年美国记者休曼著、史青编译的《实用新闻学》。前者成为中国新闻学的开端，而后者作为美国第一本新闻教育著作，“提供采访编辑各种实际问题的解决方案”⑤，也奠定了中国新闻人对于新闻教育之作用的基本构想。

早期中国新闻学人大多具备留美留日的求学背景。徐宝璜曾于美国密歇根大学修习经济学与新闻学，其《新闻学》（1919）的参考文献包括在美国出版的图书23种、在英国出版的图书7种，印证了时任北大校长蔡元培所言，“新闻学之取资，以美为最便矣”⑥。任白涛求学日本早稻田大学政治经济学系时，加入了《朝日新闻》名记者杉村楚人冠等筹建的“大日本新闻学会”⑦，《应用新闻学》

① 萨空了（1907—1988）四川成都人，蒙古族，笔名了了、艾秋飚，记者、主编、新闻学家。1927年任《北京晚报》《世界日报》编辑记者、《世界画报》总编辑。曾任教民国学院新闻系、北京新闻专科学校。1935年任上海《立报》副刊主编、总编辑兼经理。中华人民共和国成立后任中央人民政府新闻总署副署长兼新闻摄影局局长、出版总署副署长、全国政协副秘书长兼《人民政协报》总编辑等职。负责主编《中国大百科全书·新闻出版》卷，著有《科学的新闻学概论》《科学的艺术概论》《宣传心理研究》等。

② 萨空了. 科学的新闻学概论［M］. 香港：文化供应社，1946：36.

③ 萨空了. 科学的新闻学概论［M］. 香港：文化供应社，1946：36.

④ 萨空了. 科学的新闻学概论［M］. 香港：文化供应社，1946：36.

⑤ 黄天鹏. 四十年来中国新闻学之演进［M］//龙伟，任羽中，王晓安，何林，吴浩. 民国新闻教育史料选辑，北京：北京大学出版社，2010：157.

⑥ 邓绍根. 中国新闻学的筚路蓝缕：北京大学新闻学研究会［M］. 北京：清华大学出版社，2015：228.

⑦ 1915年《朝日新闻》的杉村楚人冠等在庆应义塾大学创办“新闻研究会”并讲授课程，后根据该讲义出版了《最近新闻纸学》（1918）。其时，杉村楚人冠还兼任“大日本新闻学会”的筹建者与学会新闻讲座讲师。

（1922）正是仿照杉村楚人冠《最近新闻纸学》一书体例所做。[①]邵飘萍的《实际应用新闻学》（1923）亦参考了《最近新闻纸学》。[②]杉村楚人冠深受美、德新闻思想熏陶，美、日、德的新闻思想因故才传到中国。

事实上，正是留美、留日学生群体的新闻学著述构建起了中国早期新闻学的基本框架。仅本丛书所涉国内著（编）者30人中，剔除资料不详者3人，有留学经历者共计15人。其中留美5人：徐宝璜、伍超、赵敏恒[③]、戈公振[④]、曹用先[⑤]；留日8人：吴定九[⑥]、邵飘萍、黄天鹏、任白涛、张友渔[⑦]、谢六逸、袁殊[⑧]、王文萱[⑨]；

---

① 周光明．近代新闻史论稿［M］．北京：社会科学文献出版社，2014：276．

② 方晓红．中国新闻简史［M］．南京：南京师范大学出版社，1996：122．

③ 赵敏恒（1904—1961），记者、新闻学教授。早年就读于清华大学，1923年起先后于美国科罗拉多大学文学院、密苏里大学新闻学院、哥伦比亚大学新闻学院攻读英国文学和新闻学，并获新闻学硕士学位。1925年起在纽约环球通讯社当编辑。1927年回国，在国民政府外交部情报处短暂工作后加入路透社。1945年10月任《新闻报》总编，兼任复旦大学新闻学教授。

④ 留学两个及两个以上国家的，按其留学的第一个国家计。

⑤ 曹用先，女，宁波人，天津南开大学社会科毕业。1926年与未婚夫查良鉴自南开大学毕业后，同赴密歇根大学留学，1930年在该校安娜堡完婚。硕士毕业后回国，曾就职于上海商务印书馆编辑所并任教于大夏大学，1949年与查赴台，1951年4月病逝于台湾。

⑥ 吴定九（1890—1930），名鼎，字定九，嘉定人。著名报人，《京报》元勋之一，著有《新闻事业经营法》。公派赴日本名古屋学习土木工程时，与在东京政法学校读书的邵飘萍成为密友。1923年9月，私立北京平民大学设立报学系，时任京报社经理的吴定九担任教授并讲授专业课程“新闻经营法”。

⑦ 张友渔（1898—1992），原名张象鼎，字友彝，又名张忧虞，山西灵石人。法学家、政治学家、新闻学家。先后求学于山西第一师范学校，国立北平法政大学法律系。1927年任《国民晚报》社长兼总编辑。同年加入中国共产党，任中共北平市委委员兼秘书长。1930年赴日留学。“九一八”事变后回国任《世界日报》主笔及燕京大学、中国大学、民国大学、中法大学、北平大学法商学院教授，讲授宪法学、劳动法学、新闻学和日本问题。1943年起在重庆任中共南方局文委秘书长、《新华日报》社论委员会委员、中共重庆工作委员会候补委员兼政策研究室副主任、《新华日报》代总编辑等职。

⑧ 袁殊（1911—1987），中共谍报人员、记者、新闻学者。早年赴日攻读新闻学、东洋史。曾创办上海自修大学并设新闻专科。1931年3月创办的《文艺新闻》，最早揭露了左联五烈士被害的消息。1932年任新声通讯社记者，经潘汉年引介加入共产党。1942年卧底敌伪报纸《新中国报》，1945年10月转移到苏北解放区；1949年调入中央情报部门。著《记者道》《学校新闻讲话》《新闻大王赫斯特》等书；译《新闻法制论》等。

⑨ 王文萱，曾留学日本，1930年5月翻译杉村广太郎的《新闻概论》。1942年国立社会教育学院新闻系成立，王文萱在该系教授新闻业务课程。1947年年初，李宗仁授意萧一山在北平创办《经世日报》作为喉舌，任命王文萱、蓝文澄两位教授为主笔。

旅欧2人为胡愈之和储玉坤[①]（详情见表）。这些涉足新闻学研究的归国留学生兼容并蓄，汲取美、日、德等国新闻理论和马克思主义新闻思想的精华，进行本土化改良，亦从侧面反映出中国新闻学的理论来源。

三、中国早期新闻学人往往兼新闻实践、新闻教育、新闻研究于一身

1918年，北京大学新闻学研究会成立，徐宝璜负责讲授新闻学知识。他结合自身从业经验，参考欧美新闻学书目，形成课程讲义；再结合讲课心得，不断完善新闻学理论。1919年，国人自撰的第一本新闻学专著《新闻学》最终成书。徐在自序中细陈写书修书之过程："新闻学乃近世青年学问之一种，尚在发育时期。余对于斯学，虽曾稍事涉猎，然并无系统之研究。客岁蔡校长设立新闻学研究会，命余主任其事，并兼任导师。余乃于暑假中，正式加以研究，就所得著《新闻学大意》一篇，以为开会后讲演之用。……开会后，余继续研究，加以会员之质疑问难，时有心得，遂将原稿加以修改，成第二次之稿……"[②]显然，"曾稍事涉猎"指其曾经担任《晨报》主笔的工作经历。早期中国新闻学人兼具从业经验和新闻学教学经验者多会总结实践经验、丰富新闻理论、著书立说、传道授业，这种情况并不鲜见。

从早期新闻学著作的作者（编者）身份来看：本丛书涉及国内著（编）者30人，除李公凡、刘元钊和鲁风三人身份不详，仅蒋国珍[③]、项士元[④]二人没有明确的新闻从业经验。而在这25人中，更有20人兼具从业经历与从教经历。新闻学人大多具有新闻从业经历，学术研究、传承活动与新闻实践密不可分（详

---

① 储玉坤，1912年生，江苏宜兴人，笔名雨君、储华。1937年中央政治学校大学部新闻学及国际政治专业毕业。1938年1月任《文汇报》编辑兼社论撰述者；1938年5月担任《文汇报》法国哈瓦斯分社编辑；抗战胜利后，任《文汇报》总主笔。1946年5月转任《申报》主笔和法国新闻社远东分社中文部主任，兼任中国新闻专科学校教务长和沪江大学新闻系教授。著有《现代新闻学概论》《第二次世界大战史》《美国经济》。

② 邓绍根，中国新闻学的筚路蓝缕［M］. 北京：清华大学出版社，2015：244.

③ 蒋国珍出生于1896年，江苏溧阳人，做过学生运动领袖、国民党党员、教育工作者、政府职员、银行经理。曾加入上海学生运动，代表上海全国各界联合会、全国学生联合会、上海各界联合会、学生联合会四团体发声。虞文俊认为其传世的《中国新闻发达史》翻译自日本人伊藤武雄的《中国新闻发达史》，即蒋国珍应为此书的译者而非著者。

④ 项士元（1887—1959），佛教居士、学者。原名元勋，号慈圆，又号石槎。浙江临海人，通日、英、德、梵、俄文，一生佛学著作等身。25岁毕业于杭州府中学堂，后办私立小学和赤城初级师范，兼任各校教师；捐资并赠书创办了临海图书馆。项士元长期辗转江浙等地从事教育、新闻和史志方面的研究工作。中华人民共和国成立后主持台州文管会，任浙江省文史馆馆员。所著《浙江新闻史》是中国最早的新闻史之一。

见表1[①])。

从新闻学著作本身来看，许多民国新闻学书籍正是新闻实践和新闻教育的直接产物：国人自撰的第一部新闻采访学专著——《实际应用新闻学》根据邵飘萍在北京大学新闻学研究会和平民大学新闻系的讲稿所著，《新闻学总论》一书则根据邵氏国立政法大学的新闻学讲义整理而成；周孝庵[②]根据自己在复旦大学的新闻学讲义编著了《最新实验新闻学》；郭步陶[③]的《本国新闻事业》是上海市私立申报新闻函授学校讲义之十一；而《新闻学的基础知识》本就是中美日报读讯会[④]为新闻学自修者所出版的教材《实用新闻学讲义》之一；储玉坤的《现代新闻学概论》则是专门为大学新闻理论教科书而编写的（详见表2）。

正是由于早期新闻学人兼新闻实践、新闻教育、新闻研究于一身，才能为理论教学与著述提供最鲜活的案例，促使新闻实践经验迅速融入新闻学理论研究。这是近代中国新闻学迅速发展的重要因素，对于当今的新闻学研究、新闻学教育工作也有重要启示。

本丛书编委会邀请相关领域资深专家进行研讨，认真甄选了书目，仔细进行了版本比较和甄别，从而保证了本丛书较高的学术权威性。

由于历史的局限，民国新闻学书籍的不足是明显的，如学术理论不成熟、部分话语和话题打上了深深的时代烙印等；又因书中涉及的新闻稿件写作于特定历史环境和历史年代，其表达方式不严谨亦不可避免。盖所选书目皆是历史文献，我们在审校中尽量保持其历史原貌，不做大的删改；对极个别对马克思

---

① 李秀云．留学生与中国新闻学［M］．天津：南开大学出版社，2009：239-251．本书中李秀云整理了民国期间从事新闻学研究的留学生44人，并分析其留学国别构成、专业构成、新闻实践经历、从教经历等。

② 周孝庵（1900—1973），佛教学者、律师、报人。松江府人。毕业于江苏省立第一商业学校。历任上海时事新报馆记者、编辑、主编，著《最新实验新闻学》。1928年秋被复旦大学聘为新闻学教授。曾于上海法政大学获法学学士学位，1930年兼律师。1932年主编上海《新闻报》"法律质疑"栏目、编著了《法律质疑汇编》。上海沦陷后，曾氏关闭了律师事务所，潜心佛学研究。

③ 郭步陶（1879—1962），原名成爽，后改名惜，字步陶。四川隆昌人。名记者、新闻研究者。1911—1917年任《申报》编辑，1917年任《新闻报》编辑主任、主笔。1930年任教于复旦大学新闻系。上海沦陷后赴香港，任职于《申报》（香港）、《星岛日报》；1939年创建中国新闻学院（香港）并任院长。抗战胜利后回沪任教于复旦大学、新中国学院。

④《中美日报》是"孤岛"时期的国民党报纸，为躲避日伪新闻检查，在美商罗斯福出版公司招牌下运作，副刊有《集纳》《堡垒》等。1938年11月创刊，1941年12月停刊，1945年8月复刊，次年4月终刊。总编先后为杨勋民、查修、詹文浒，总主笔周宪文，执笔者有储玉坤、章丹枫等。胡道静曾任英文编辑。报社读讯会为自修新闻学的读者出版了《实用新闻学讲义》，共计10种，对编辑术、采访术、评论作法、新闻写作、新闻学史、剪报工作等都有专篇论述。

主义、共产党等的不适当叙述已进行了删除处理。

本丛书规模较大，从策划项目、搜集资料、校订编纂到审稿成书，历时两年有余。这50本书可能并非本本经典，其中有些内容亦有重复、雷同之处，但瑕不掩瑜，它们对于研究中国新闻学功不可没，作为新闻史资料极具研究价值。感谢中国传媒大学出版社和安徽大学新闻传播学院诸位老师的辛勤付出，也希望读者在本丛书中能读出更丰富的内容，获得启发并更深入地思考。

丛书主编　芮必峰

2018年5月7日

附表：

表1　著者受教育、从业、从教及著述情况列表

序号	姓名	是否留学及留学国家	从业经历	从教经历	著作
1	徐宝璜	美国密歇根大学，经济学、新闻学	北京《晨报》主笔	北京大学新闻学研究会、北京平民大学新闻系	《新闻学》《新闻事业》
2	戈公振	1927年赴美国、日本考察新闻事业	首创《图画时报》、“上海新闻记者联合会”会长、《申报》总管理处设计处主任兼《申报星期画刊》主编	上海南方大学新闻系、上海国民大学新闻系、复旦大学新闻系、上海沪江大学商学院、上海民治新闻学院	《新闻学撮要》《中国报学史》《新闻学》
3	邵飘萍	东京政法学校	《汉民日报》主编、《时事新报》《申报》《时报》主笔、创办“北京新闻编译社”、《京报》社长	北京大学新闻学研究会、北京平民大学新闻系、国立法政大学	《实际应用新闻学》《新闻学总论》
4	吴定九	日本名古屋工业专门学校土木工程	主持《京报》	北京平民大学新闻系、国立法政大学	《新闻事业经营法》
5	谢六逸	日本早稻田大学东洋文学史	《立报》文艺副刊《言林》主编、《国民周刊》《趣味》周刊主编	复旦大学新闻系、申报新闻函授学校、国立社会教育学院新闻系、暨南大学新闻系、大夏大学新闻系	《实用新闻学》《国外新闻事业》《新闻储藏研究》
6	黄天鹏	日本早稻田大学新闻系硕士	在北平创刊《新闻学刊》并担任主编	复旦大学新闻系、上海沪江大学商学院新闻学科	《新闻文学概论》《中国新闻事业》《新闻学入门》《新闻学概要》
7	赵敏恒	美国科罗拉多大学文学院、密苏里大学新闻学院、哥伦比亚大学新闻学院攻读英国文学和新闻学，并获新闻学硕士学位	纽约环球通讯社编辑，后加入路透社。“九一八”事变后为美国国际新闻社、伦敦《每日电讯报》《朝日新闻》等供稿。1945年10月任《新闻报》总编辑	复旦大学新闻系、中央政治学校新闻系、暨南大学新闻系	《外人在华的新闻事业》

续表

序号	姓名	是否留学及留学国家	从业经历	从教经历	著作
8	周孝庵	无	历任上海时事新报馆记者、编辑、主编；主编《上海新闻报》“法律质疑”栏目	复旦大学新闻系、新闻大学函授科	《最新实验新闻学》
9	张友渔	1930年、1932年、1935年多次赴日学习新闻学、考察日本新闻事业	《世界日报》编辑、《大同晚报》总编辑、《国民晚报》社长、《泰晤士报》总编辑、《新华日报》社论委员	燕京大学新闻系、北平民国学院新闻系	《新闻之理论与现象》《日本新闻发达史》
10	袁殊	日本新闻专科学校、早稻田大学历史系	创办《文艺新闻》《译报》、新声通讯社记者	上海自修大学新闻专科	《记者道》《学校新闻讲话》《新闻大王赫斯特》《新闻法制论》（译）
11	胡愈之	1928年法国巴黎大学攻读国际法	《东方杂志》编辑、创办《公理日报》、哈瓦斯通讯社远东分社中文部编辑主任、主编新加坡《南洋商报》		《胡愈之出版文集》
12	储玉坤	留法	《新闻报》编辑、《文汇报》编辑、法国哈瓦斯通讯社中国分社编辑、《文汇报》总主笔、《申报》主笔、法国新闻社远东分社中文部主任	中国新闻专科学校、沪江大学新闻系、之江大学新闻系、致用大学新闻学系	《现代新闻学概论》
13	任白涛	日本早稻田大学政治经济学	创办中国新闻学社、《新湖北日报》总编辑		《应用新闻学》《综合新闻学》
14	曹用先	美国密歇根大学①	上海商务印书馆编辑所②	大夏大学③	《新闻学》

① 毛彦文．往事［M］．北京：商务印书馆，2012：28．

② 雪林．一段值得介绍的婚姻（红藏·生活·第四卷第三十八期）［M］．湘潭：湘潭大学出版社，2014：435–437．

③ 毛彦文．往事［M］．北京：商务印书馆，2012：28．

续表

序号	姓名	是否留学及留学国家	从业经历	从教经历	著作
15	王文萱	留日①	《经世日报》②	国立社会教育学院新闻系③	《新闻概论》（译）
16	伍超	留美 “攻读新闻科”④			《新闻学大纲》
17	郭步陶	无	《申报》编辑、《新闻报》编辑主任兼主笔、《申报》（香港）、《星岛日报》编辑	复旦大学新闻系、《申报》新闻函授学校、中国新闻学院（香港）、新中国学院	《本国新闻事业》
18	任毕明⑤	无	《民国日报》《时报》《快报》主笔、《大众日报》总编辑	香港中华新闻学院	《战时新闻学》《评论学十讲》
19	赵君豪⑥	无	《申报》副总编辑	上海商学院新闻专修科、复旦大学新闻系、上海法政学院新闻专修科	《中国近代之报业》《上海报人的奋斗》

① 杉村广太郎．新闻概论·黄序［M］．王文萱，译．上海：联合书店，1930．

② 冯国定．忆萧一山先生［M］//中国人民政治协商会议北京市委员会文史资料研究委员会文史资料选编（第43辑），北京：北京出版社，1992：104．

③ 苏州大学社会教育学院．峥嵘岁月（第三集）［M］．北京、上海、南京、苏州校会．1991：229．

④ 伍超．新闻学大纲·自序［M］．上海：商务印书馆，1925．

⑤ 任毕明，原名任大任，生于1904年，广东鹤山人。1925年在广西梧州创办《民国日报》，曾任《时报》《快报》主笔，主持过香港的《大众日报》。参与创办香港中华新闻学院，并任教。著作有《龙虎集》《风云集》《社会大学》《新社会大学》《战时新闻学》和《评论学十讲》等。

⑥ 赵君豪（1900—？）江苏兴化人。报人。“五四时期”求学于上海交通大学，经常给著名的《民国日报》副刊《觉悟》投稿，并与时任《觉悟》编辑的邵力子讨论种种社会改造问题。毕业后进入《申报》馆工作，抗战后任《申报》副总编辑。1929、1942年两度兼任复旦大学新闻系编辑教授；1930年兼任上海法政学院新闻专修科教授，讲授采访学；曾任《申报》新闻函授学校教授。1944年10月在重庆出版《上海报人的奋斗》。

续表

序号	姓名	是否留学及留学国家	从业经历	从教经历	著作
20	杜绍文[①]	无	杭州《民国日报》国际版编辑、《东南日报》《前线日报》主笔兼《新闻战线》周刊主编、《东南日报》总编辑、《文汇报》办公室主任	复旦大学新闻系	《新闻政策》《中国报人之路》《战时报学讲话》《国际新闻纵横谈》
21	胡道静[②]	无	《万有文库》编辑、上海通志馆编修、《通报》《中美日报》《大晚报》等报记者、编辑、撰稿人	上海法政学院新闻专修科	《上海新闻事业之史的发展》
22	张静庐	无	创办上海杂志公司并出任总经理		《中国的新闻记者与新闻纸》《中国近代出版史料》《中国现代出版史料》《中国出版史料》《在出版界二十年》
23	萨空了	无	《北京晚报》编辑记者、《世界日报》画刊编辑、《世界画报》总编辑、天津《大公报》艺术半月刊主编	民国学院新闻系、北京新闻专科学校	《科学的新闻学概论》

① 杜绍文（1909—？），又名杜超彬，广东澄海人。1927年入复旦大学中文学新闻组学习，1931年留校助教。后任杭州《民国日报》国际版编辑、资料室主任、浙江《东南日报》主笔。抗战期间主编浙江战时新闻学会会刊《战时记者》月刊,《国民日报》总编辑、社长；抗战胜利后任上海《前线日报》主笔兼《新闻战线》周刊主编。1946年至1951年间任复旦大学新闻系教授，1952年任上海《文汇报》记者、编委办公室主任。著有《新闻政策》《中国报人之路》《战时报学讲话》《国际新闻纵横谈》。

② 胡道静（1913—2003），安徽泾县人。1931年毕业于上海持志大学国语系。曾参加《万有文库》编辑和上海通志馆编修工作。“孤岛”时期坚守上海新闻界抗日宣传工作，任《通报》《中美日报》《大晚报》《密勒氏评论报》记者、编辑、撰稿人，同时在上海法政学院新闻专修科讲授新闻史课程，为共产党的抗日宣传培养新闻干部。1949年后历任中华书局上海编辑所编辑、上海人民出版社编审等。

续表

序号	姓名	是否留学及留学国家	从业经历	从教经历	著作
24	管照微[①]		复旦大学校刊编辑、1931年兼任上海新闻社记者	兰州大学经济系	编《新闻学论集》
25	项士元				
26	蒋国珍	疑为《中国新闻发达史》的译者而非著者[②]			
28	李公凡	不详			
27	鲁风	不详			
28	刘元钊	不详			

① 管照微，高中就读于上海立达学园，曾与王济深、刘仲达、唐旭之等先后组织了“时潮社”和“立达剧团”。后进入复旦大学新闻系学习，与伍梦窗、林楚君、向浦、徐之津等加入了复旦大学“左联”，并负责复旦大学的校刊编辑工作。1933年12月21日因宣传左翼思想被捕，后任教于兰州大学经济系。

② 虞文俊是东亚中国新闻史研究第一人。《中国新闻发达史》译者蒋国珍初考［J］. 新闻界，2015（15）.

表2　书目

序号	年份	书名	作者	备注
1	1903	新闻学	〔日〕松本君平 著	
2	1913	实用新闻学	〔美〕休曼著 史青译	
3	1919.12	新闻学	徐宝璜① 著	北京大学 新闻研究会讲稿
4	1922.11	应用新闻学	任白涛② 著	
5	1923.8	实际应用新闻学	邵振青 著	北京平民大学、 国立法政大学讲义
6	1924.4	新闻事业	徐宝璜 胡愈之 著	
7	1924.6	新闻学总论	邵飘萍 著	
8	1925.1	新闻学大纲	伍超 著	
9	1925.2	新闻学撮要	戈公振③ 编	
10	1927.9	中国新闻发达史	蒋国珍 著	
11	1927.11	中国报学史	戈公振 著	
12	1928.9	中国的新闻纸	张静庐 著	
13	1928.11	最新实验新闻学（上）	周孝庵 著	复旦大学新闻系
14	1928.11	最新实验新闻学（下）	周孝庵 著	复旦大学新闻系
15	1930.4	新闻事业经营法	吴定九 著	
16	1930.5	新闻概论	〔日〕杉村广太郎 著 王文萱 译	

① 徐宝璜，中国新闻学者、新闻教育家。1912年毕业于北京大学，后公费留美，于密歇根大学攻读经济学、新闻学。徐宝璜在美国密苏里大学受过系统的新闻学教育。

② 任白涛，笔名冷公、一碧，河南南阳人。1911年辛亥革命后，先后担任上海《民立报》《神州日报》《新闻报》驻河南特约通讯员，参加当地反袁活动。1916年留学日本，在早稻田大学攻读政治经济学，并加入了大日本新闻学会。

③ 戈公振所著的《中国报学史》最早由上海商务印书馆出版，是研究新闻学和我国新闻事业发展史的开山之作，国内外新闻界将之誉为中国首部新闻史学权威著作。任教上海国民大学期间，戈公振开始着手《中国报学史》一书的写作。在从事新闻工作之余，戈公振致力于新闻教育事业和新闻学研究工作，曾在上海国民大学、南方大学、大夏大学、复旦大学等校新闻系和杭州暑假报学讲习所讲授新闻学方面的课程，在新闻学研究上留下了许多著述。

续表

序号	年份	书名	作者	备注
17	1930.8	中国新闻事业（上）	黄天鹏[①] 著	
18	1930.8	中国新闻事业（下）	黄天鹏 著	
19	1930.8	新闻纸研究	〔日〕后藤武男 著 俞康德 译述	
20	1930.9	浙江新闻史（上）	项士元 编	
21	1930.9	浙江新闻史（下）	项士元 编	
22	1932.7	学校新闻讲话	袁殊 著	
23	1932.8	外人在华的新闻事业	赵敏恒 著	
24	1933.4	新闻学入门	黄天鹏 著	
25	1933.10	新闻学论集	管照微 编	复旦新闻学会丛书
26	1935	实用新闻学（上）	谢六逸[②] 编	申报新闻函授学校讲义之三
27	1935	实用新闻学（下）	谢六逸 编	申报新闻函授学校讲义之三
28	1934.1	新闻学	曹用先	
29	1934.2	新闻学概要	黄天鹏 编	复旦大学讲义、上海沪江大学新闻学专修科
30	1935	上海新闻事业之史的发展	胡道静 著	
31	1936.5	新闻学讲话	刘元钊 编著	

① 黄天鹏，字天鹏，别号天庐。1927年1月，他创办了我国首个新闻学刊（1929年扩改为《报学月刊》）并任主编；他是我国新闻学术史上最早研究新闻学之产生及发展史的学者，是我国具有新闻学术史观的第一人。他于1923年就读于北京平民大学报学系，1929年留学日本,修业新研究所,旋入早稻田大学新闻系。归国后出版了《新闻文学概论》《中国新闻事业》《新闻学入门》《新闻学概要》等十余本新闻学专著。

② 谢六逸，中国现代新闻教育事业的奠基者之一。著名的作家、翻译家、教授。1917年以公费生身份赴日就读于早稻田大学。1922年毕业归国，入商务印书馆工作。后历任神州女校教务主任及暨南大学、复旦大学、大夏大学教授。1930年任复旦大学中文系主任，并创设了后来闻名海内外的复旦大学新闻系，任主任。

续表

序号	年份	书名	作者	备注
32	1936	本国新闻事业	郭步陶 编著	申报新闻函授学校讲义十一
33	1936.6	新闻之理论与现象	张友渔 著	
34	1936.11	记者道	袁殊 著	
35	1937.7	现代新闻学概论	储玉坤 著	国民党政府唯一指定大学新闻理论教科书
36	1938.7	战时新闻学	任毕明 著	
37	1938.9	中国近代之报业（上）	赵君豪 著	
38	1938.9	中国近代之报业（下）	赵君豪 著	
39	1938.10	基础新闻学	李公凡 著	
40	1939.7	中国报人之路	杜绍文 著	
41	1940.4	新闻学	戈公振 著	1932 年完稿，另有 1947 年版
42	1941	新闻学的基础知识（上）	中美日报读讯会 编	中美日报读讯会实用新闻学讲义
43	1941	新闻学的基础知识（下）	中美日报读讯会 编	中美日报读讯会实用新闻学讲义
44	1941.7	综合新闻学 1	任白涛 著	
45	1941.7	综合新闻学 2	任白涛 著	
46	1941.7	综合新闻学 3	任白涛 著	
47	1944.9	新闻学	鲁风 著	新中国自修学院约稿
48	1946.6	科学的新闻学概论	萨空了 著	另有 1945.3 出版的署名艾秋飚的版本
49	1946.11	新闻史上的新时代	胡道静 著	
50	1947.12	新闻学的理论与实际	〔英〕斯蒂德 著 王季深 吴饮冰 译	上海文化函授学校读本

實用新聞學目次

謝六逸編

實用新聞學

第一章　緒論

我先對諸君講一個故事：

從前美洲有兩個黑人打架，結果鬧到裁判所裏去了。裁判官先問某甲道，「你們爲什麼打架？」某甲答道，「他動手打我。」裁判官便問某乙，「你爲什麼打人？」某乙說，「他罵我。」裁判官又問「他怎樣罵你呢？」某乙答道，「他在三年前罵我做河馬，所以我今天打他。」裁判官發怒道「他在三年前罵你，爲什麼到今天才打他呢？」某乙答道，「他罵我的時後，我不懂得「河馬」是什麼樣子，今天我看見「河馬，」實在是一種很醜陋的動物，我記起三年前他罵我的話，所以我非打他不可。」

故事只說到這裏爲止。某乙在三年前被某甲罵做河馬，他沒有什麼不平就是他不知道河馬。由此看來，「知」實在是一樁最要緊的事。我們每天要看報紙，主要的原因就在於「求知。」

我從前寫過一篇文章，題目叫做新聞教育的重要及其設施，其中有兩段重要的話，現在引用如下：

『假使一個人隱居在深山大澤，不願意做一個「社會人」那麼，不看報也是可以的。但是這種人和野蠻人有什裏差異？文明人是沒有一天不看報的，並且在每天很早的時候就想看它。因爲「看報就是看社會，」新聞記者從社會裏蒐集了許多材料，經過他們的整理安排，作成報紙，再將它送還社會。所以可以說，報紙上記載的，就是提煉過的社會。一個人的能力有限，不能經驗人世間的各種生活，也不能把所有的知識都吸收在腦裏。我們每天只費少許的時間，打開報紙一看，那上面便有着鮮明的社會的縮圖。它能告訴我們什麼樣的生活是悲慘的，什麼樣的生活是快樂的；現在的世界是怎樣的狀態，現在的學術進步到怎樣的地步。我們兒時在小學校讀書，除開國文，算術之外，還得讀歷史地理。現代的報紙，就是人生的地理教科書，人生的歷史教科書，社會教科書等等。它能指導青年，它能指導成人，甚至於隱居在「蒐裘」裏的封翁，它也能暗中指導，只有無知無識的野蠻人，和它不發生關係。

『報紙的本身，無論對於那一個階級，都有很大的貢獻。它的內容，包含各種材料，供給兒童，青年，成人，以及從事凡百事業的人閱覽。所以它是兒童教育，家庭教育，學校育教，社會教育的一種鋒銳的利器。學究們編輯的教科書，有適合於青年的，但未見得就適合於成年人。若在報紙，它所包羅的資料很多，可以供給大家的採擷。並且那些資料，常是最新鮮的果實。他的文字是很明朗的，趣味是很高尚的，所以大家在看報時的愉快，遠過於誦讀一切的書籍。』

報紙的機能，決非我這幾句話所能說盡的。不過借此可以明瞭吾人求知，尤其是求「新知」——例如把握現在世界大勢，國家，社會，學術的情況，最適宜的方法是看報紙。讀書所得的是屬於過去的，至少是一年半載以前的，而讀報則為此刻現在的知識，活鮮鮮的知識。

我國的「言論界的驕子」梁任公氏曾經做過一篇清議報一百册祝辭並論報館之責任及本館之經歷（見飲冰室文集卷十七）在這篇文章裏面他論到「報館的責任，」他說「報館者政本之本，而教師之師也。惟其然也，故其人民嗜之，如飲食男女，不可須臾離。聞之，英國人無論男婦老幼貧富貴賤，有不讀書者，無不讀報者，其他文明諸國國民，大率例是。以此之故，其從事於報館事業者，亦益復奮勉刻厲，日求進步。故報章益多，體例益善；議論益精；記載益富，能使人專讀報紙數種，而可以盡知古今天下之政治，學問，風俗，事蹟，吸納全世界之新空氣於其腦中。故欲覘國家之強弱，無他道焉，則於其報章之多寡良否而已矣。」梁氏又說，『校報章之良否，其率何如？一曰宗旨定而高；二曰思想新而正；三曰材料富而當；四曰報事確而速。若是者良，反是則劣。』依梁氏的意見，國家的強弱，要看報紙的多寡良否，又為優良的報紙定下四項標準。我們知道梁氏創辦清議報是在一八九八年（清光緒二十四年戊戌）到現今已是三十餘年了。這三十餘年以來，我國的報紙，無論在量的方面或是質的方面，實在不能達到梁氏的期望。換言之，就是現在的報紙，能夠叫人滿足「求知」的欲望的，沒有幾種。這實為當前的一個大問題。

我國報紙的貧弱，乃是一個無可諱言的事實。如果追究我國報紙貧弱的原因，決不能把責任的全部，推卸在「辦報」者的身上，這和國家的政治，經濟，教育，社會，交通各方面都有連帶的關係。我們要使得國內的報紙發達，除開不需的條件之外，第一要有多數看報的人；第二要有批判報紙的人；第三要有研究報紙的人。在我國第一種人太少，大多數是不看報或不能看報的；第二第三種人尤其少幾乎等於零。在這種情形之下，我國報紙的進步自然遲緩。

這裏所說的「批判報紙」「研究報紙」可以總名之曰「新聞學的研究」。以前服務報館的人只憑自己的經驗和文學的技能就可以應付裕如了，因為過去的報紙都是保守的，即使沒有新聞學的知識也不要緊。何況他們根本不需要研究而且也不屑於研究呢。現在是一個轉變的時代，在這個新時代生存的新聞記者，必須具備豐富的常識，優良的文學技能；尤其需要的便是專門的新聞學知識。歐美和日本的大學近來頗注重新聞記者的培植，就是這個原故。我們若要立志做一個新聞記者或是對於報紙（或其他定期刊物）感到興味，都非努力研究新聞學不可。

本章提示：

一 報紙何以為求知的工具？

二 報紙為什麼能夠做「社會的縮圖」？

三 「歷史教科書」和「人生的歷史教科書」有無異同？

四　本地方（卽所住的地方）的報紙是供給哪一個階級的人看的？能否分析它的內容？

五　從書本得來的知識和從讀報得來的知識有無異同？

六　你曾否讀過梁任公氏的論報紙的文章？如沒有，何不找來看看。

七　你對於本地方的報紙，曾否調查他們的宗旨材料；注意他們的思想，和「報事」的方法？如沒有，何不試試看？

八　你以爲我國的報紙不發達，還有什麼別的原因？

九　你研究新聞學的目的是什麼？

十　你曾否看過討論或研究新聞學的論文和書籍？試列舉幾種。

第二章　新聞學的性質

新聞學是否成爲一種科學，不免有人懷疑。現在有多數人把「新聞學」看做一種技術；尤其在研究政治學、哲學、物理學、天文學的人，以爲新聞學本身的體系頗難完成，非依賴別的學問——例如政治學、經濟學、社會學、印刷工業等不行。其實這是一種偏見，爲研究新聞學的人所難默認的。我們知道政治學、哲學、物理學都是已經完成的學問，在歐洲古代早已有人研究，而報紙的職能爲世人重視，不過是十九世紀後半期的事。至於把新聞學當作一種學問來研究，則爲二十世紀。以研究新聞學著名的美國爲例，一八九三年雖有約翰生教授在賓夕爾瓦尼亞大學主持新聞講座，然不過爲課程表中的科目。直到一九〇八年威廉博士（Dr. Walter William）在米蘇里大學創辦新聞學院；一九一三年哥倫比亞大學新聞學院正式成立，始可認爲正式的新聞學研究機關。又如德國在歐戰以後，始認識報紙的真價，而注意新聞學的研究，柏林大學的附屬「德國新聞學研究所」正式成立於一九二六年四月。英國的倫敦大學設立新聞學講座，也是在歐戰以後法國黎爾的加特力大學，其新聞學研究部的復活，爲一九二四年十一月。就以上的例來看，新聞學是一種新興的學問，已很明顯。

我們知道新聞學的科學的研究，爲時不久，但是新聞學已有研究的對象和他自身的體系。照目前各國新聞學家努力研究的情形看來，將來必從「新興科學」走進「完成科學」的領域裏面。現在如果認新聞學爲一種技術，乃是很大的錯誤。

新聞學所研究的對象是什麽呢？

我們如果把新聞學所研究的對象定爲「報紙」，則範圍不免狹隘。我們應該認定「社會裏的新聞現象」爲新聞學的對象。

所謂「新聞現象」就是指新聞記者從社會裏採訪新聞，寫作編輯，或附加意見批判之後，由印刷機械印成報紙，送還社會。社會人士購讀以後，必發生某種精神作用，此種精神作用，常影響於社會。從採訪新聞起，到影響社會止，其間的各種現象，總名之爲新聞現象。

這裏必須解釋的，就是看報以後所發生的精神作用，及這種精神作用何以能影響於社會。

在前章裏說過，看報的目的在於求知。看過報紙之後，即在借報紙得「知」以後，必發生精神作用。例如「熱河失守」的新聞登載在報紙上面，被看報的人「知」道之後，必發生悲憤的感情，此種悲憤的感情，即爲一種精神作用。既發生悲憤的感情，必思如何救國，於是生出種種的愛國運動，所以能夠影響於社會。又如時當夏季，某地發生疫癘，這個消息在報紙上揭載以後，看報的人必發恐怖心，因而喚起注意，以免傳染。恐怖也是一種精神作用。那地方的「衞生局」知道疫癘發生，就講求實施各種防疫的方法，就是對於社會有了影響。由此可知報紙經過新聞記者的製作，送還社會以後，必發生重要的影響。

新聞學的研究對象，如僅爲「新聞的本身」，「編輯」，「採訪」，「評論」，「通信」，而不顧及整個的「新聞現象」，仍難稱完滿。所以我們一方面研究「編輯製作」，「採訪工作」；一方面必須注意這些工作的結果，對於社會發生何種影響。就是說這些工作除了完成一兩張報紙之外，是否對於社會大衆有益。對於社會大衆是否有益，一要看「編輯」「採訪」的技能，二要看新聞記者的意識。所以我主張新聞學研究的對象，應該從採訪新聞起，直至報紙製成以後，對於社會的影響爲止。

其次，新聞學的體系是什麽？

新聞學可以分爲兩種：一爲純正新聞學，一爲實用新聞學。

「純正新聞學」又稱爲「新聞學原理」或「新聞學概論」。他的職能在於闡明「新聞」（News）的本質，報紙（Newspaper）的起源、變遷、種類，報紙與社會的關係，言論出版的自由，各國報紙的概況，以及關於 Journalism（註）的各種理論的研究。

「實用新聞學」又稱「實驗新聞學」或「應用新聞學」，他的職能在於研究「新聞採訪，」「新聞製稿，」「新聞編輯，」「新聞經營」即新聞的「生產，」「消費」的研究，尤注重實際工作的練習。

「純正新聞學」與「實用新聞學」是互相爲用的，前者爲理論，後者爲實際，理論與實際，缺一不行，都是新時代的新聞記者所必需的知識。

（註）Journalism一語的涵義頗廣，普通譯爲新聞學，例如純正新聞學，即與 Principles of Journalism 相近，

實用新聞學」即與 Practical Journalism 相近。除此意之外，又作「定期刊物」「定期刊物的經營」「出版物」「出版事業」等解釋。用爲此意時，頗難得一既確當又能包含的譯語，故有人就發音譯爲「集納主義，」但不如直寫原文爲佳。

本章提示：

一　新聞學爲新興科學。

二　新聞學的對象。

三　新聞現象的解釋。

四　新聞學的體系。

五　純正新聞學與實用新聞學的差異。

第二章　新聞的意義

「新聞」一語在現代已成爲一極通俗的名辭，幾於婦孺皆知了。「新聞」二字，也和別的許多「新名詞」一樣，是從日本輸入的。但是我國唐時曾有人集鄉閭瑣事，用筆記文字寫成，題爲南楚新聞。故日本之有「新聞」二字，還是從中國輸入的。後來國人把從前輸出的東西，再重新輸入。西籍中與「新聞」一語相當者，有 Journal, Gazette, News, Zeitung 諸字，就中 News 一字，習用最廣。

Journal 一字，源出拉丁語。羅馬大將凱撒（Julius Caesar）執政時，用一種牌示作爲政府的告示，用意不外傳達政府的命令，使各地方來到羅馬的旅行者知所注意，這種公告的機關，名爲 Acta Senatus。另有一種名叫 Acta Diurna Populi Romani。前者在凱撒歿後，即已廢棄，後者繼續頒行至羅馬帝政末年。這兩種歐洲最古的官報，並未留傳下來，所以詳細的情形，無由得知，此種官報的內容，不外記錄報告元老院會議的議決事項以及國民會議的重要事件。

"Acta Diurna Populi Romani" 裏的 "Diurna"，即「每日之事」（Diurnus）的意思。"Diurna" 一語傳入法國後蛻變爲 "Journale"，用爲「新聞」之意。一七七七年法國刊行的巴黎日報（Journal de Paris），即最初使用 "Journale" 之證。"Diurna" 一語傳至英國後蛻變爲 "Journal"，一六九〇年華塞斯脫市（Worcester）刊行的華塞斯脫日報（Berraw's Worcester Journal）也是最初使用此字者。其後美國於一七二七年波斯頓（Boston）刊行新英週報（New English Weekly Journal），則 Journal 一字的用意已有變更。到現在此字已含有「新聞」，「雜誌」，「會誌」等廣泛的意義。但其本義，實爲「每日」之意，與英語的 "Daily"，德語的 "Tageblatt" 相當。"Journalism"（新聞學，新聞事業，參看第二章註），"Journalist"（新聞記者）二語，不用說是從 "Journal" 變化而來的。

歐洲十六世紀時的商業中心地爲意大利的威尼斯（Venice），那時候威尼斯有一種手寫新聞頗爲流行，內容揭載商業通信或旅行者的書翰。到了一五六〇年（一說一五五六年或一五六六年），威尼斯地方發行一種 "Notizie Scritte"，篇幅只有一張，性質在「新聞」與「

官報」之間。凡購買此種新聞者，出資一 Gaza（小貨幣之名），因此呼「新聞」為“Gazette”。一說以為「鵲」在意大利語為“Gaza”，鵲鳥鳴聲甚噪，與「新聞」相似，故呼「新聞」為“Gazette”。一六三一年法國有法蘭西新聞（Gazette de France）；一六六三年十一月七日英國牛津創刊倫敦新聞（London Gazette）；一六六二年西班牙馬德里市刊行馬德里新聞（Gaceta de Madrid），故“Gazette”一語為用亦廣。

“News”一語，據岳斯特教授（Prof. Yost）之言，為形容詞「新的」（New）加“S”字而成。岳氏謂語言的形成時代，有以形容詞作名詞用者。在英語裏面「新的」（New）一詞，實為最古的言辭。如探討此字的祖先，則最早由梵文的“Nava”轉為拉丁語的“Novus”，再由此轉為古撒克遜語的“Niwi”；盎格魯·撒克遜的“Niwe”或“Neowe”。“New”一字在中世英語裏，不僅作形容詞，也作副詞，動詞，名詞用。其名詞的複數即為“News”，在最初用為「新的東西」的意味。英國文學家穆爾（Sir Thomas More 1478—1535）在他的傑作烏托邦（Utopia）裏曾有“Not for a vain and curious desire to see news.”的句子，這裏的“News”

一字確用為「新的東西」之意。至於此字用作「新的消息」（New Tidings）始於何時，則未能確知。據牛津字典所載，此字用作「新的消息」一意時，見於一四二三年蘇格蘭詹姆士第一世的詔書，為一般所用，便是一千五百年以後的事了。（註）英國的手寫新聞始於一六二二年，名為"Weekly News"，後於一六四一年廢刊。英國人用"News"一字表示「新聞」之意，當自'Weekly News"為始。

德語Zeitung的語源為Tiden（潮汐），再轉為Tidinge，意為新聞來時，如潮汐之有定時。此字於十五六世紀時成為北部德意志的用語以後，一變而為Zitunge。至十七世紀時Zeitung始確定為「新聞」之意。一六〇九年南部德意志的奧格斯堡（Augsburger）市有奧格斯堡爾新聞（Augsburger Zeitung），同年司徒帇斯堡市有司徒帇斯堡週刊新聞（Strassburger Relation des Johann Carlus）。十七世紀初葉，南歐的新聞續出，全用"Zeitung"一語。此字在近時多用為「朝刊」，「夕刊」，「日刊」之意。於Zeitung之前冠以"Tages"，則與英語的"Daily Newspaper"相當。

以上已略述「新聞」一語的來源，茲再述「新聞」的意義。

爲「新聞」二字下一定義是頗不容易的事，歷來的新聞學家爲「新聞」二字所下的定義，幾乎人執一說。請先看我所蒐集的幾種定義。

一　凡有興趣的都是新聞。（Anything that interests is News）

——赫斯脫（Hoarst）與布尼茲（Pulitzer）之說。

二　狗咬人，非新聞；人咬狗，是新聞。

——戴納（Charles Dana）之說。

三　凡突然發生的事故，於人生有興味的事故，在公衆之間或相當範圍之內，有能引起一部分的注意的重要性者，我稱之爲「新聞」。

——戴納之說。

四　縱令事件或事物的本身已經陳舊，如報道的方法是新的，也是新聞。

——岳斯特氏對戴納說的補論。

實用新聞學

謝六逸編

（本節係接續第三章「新聞的意義」，印刷時漏印，此處係補上，特此記明。）

五　一九二七年美國 New School for Social Research 懸賞徵求「新聞的定義」，請著名新聞學家爲評判員（一爲米蘇里大學新聞學院院長威廉博士，一爲「編輯者與出版者」雜誌的主筆標馬侖氏，一爲波梯木爾晚報的主筆蔣生氏）。徵求的結果，第一名爲瓦勒氏（mike Wallach）當選。他的定義如下：

「新聞（News）是一種商品，由報紙分配，供給認識文字者的消費，每天把新鮮的東西送到市場上，是有腐敗性的。

新聞在智力的，情緒的，興趣的各方面，用文字將世界，國家，省，州，及都市所發生的事件，表現出來；這些事件是社會的，經濟的政治的，科學的或是個人的，但須有引起多數世人注意的重要性才行。其愼重的製造，成分的品質，目的之純正與否，即爲反映製造者的名譽上足以信用與否。以僞物代眞實；揑造消息；製造方法的卑下，都是欺瞞公衆信任的；是對於一般人心的健康的威脅。

上面列舉的五種定義，以最後一種頗能代表資本主義社會對於「新聞」一語的解釋。但在社會主義社會裏，就絕對不會將「新聞」視爲一種商品。

資本主義社會視「新聞經營」爲一種企業，資本家投資於報館，其目的在獲得巨大的利潤，其關係有如下圖；

資本家—經營者—勞動者—商品（新聞）—市場（購閱者）

但是社會主義社會就不是這樣的，他們視新聞經營爲勞動者的公同事業。例如蘇俄的報紙，就認「新聞」爲「煽動」，「宣傳」，「組織」的武器，如「眞理報」，Provda)「新聞報」(Isvestia)，「勞動者新聞」Rabotia Gazatte) 等，在蘇俄都以固守自身階級摘發社會的不當爲目的，而不是什麼商品。

我國的新聞學者徐寶璜氏在他所著的「新聞學綱要」一書裏面，也曾爲新聞下了一個定義(見原書第三章)，他說：

「新聞果爲物乎？余之答案如後：

新聞者，乃多數閱者所注意之最近事實也。」

徐氏的定義並不是他所獨創的。我們讀美人赫德氏的「新聞採訪與通信」(C. M. Hyde, News Reporting and Correspondence)，就可以看到同樣的解釋(見原書一五葉)。赫德氏的解釋如下：

(a)最近發生事件的記述，

(b)不論與此事件有無關係，皆能感到興味，

(c)多數讀者以為有趣的最近事實……。

日本新聞學者棟尾松治氏著「新聞學概論」，原書第一編即討論「新聞的本質」。他說，「新聞的本質，即社會之精神的交通機關」。即是「利益社會(Cesellschaft)之精神的交通機關」，與「共同社會(Gemeinschaft)之精神的交通機關」。「利益社會」與「共同社會」是對立的，為德國社會學家鄧尼斯氏(Ferdinand Tonnies)所提倡的學說。如企業公司 同業工會，學校校友會，同學會，同鄉會，政黨等，他們是在相同的利益，環境，感情，知識，思想，禮儀，應對之下構成的社會，所以稱為「利益社會」。這種利益社會所發行的「新聞」，雜誌，小冊子，宣傳品，都可以視為他們的「精神的交通機關」。其最顯著者如政黨的機關報紙(例如英國勞動黨的「每日報知」，保守黨的「晨報」等是)，它以所屬的政黨的意識為根據，努力於本黨政策的宣傳鼓吹；同時非難攻擊反對黨的缺陷。這就是擁護「政黨」(即利益社會)，而企圖其存續發展的原故。

所謂「共同社會」，與「利益社會」對峙，它以對於「血族」或「居住土地」的互相愛好爲基礎，它的結合不在由對方得到什麽利益；是由人的本質的意志而結合的，這與「利益社會」之由「思慮的意志」而結合的完全不同。「共同社會」的定型就是家族，家族是由父子夫婦間的愛情以構成的，並非以利益爲目的的結合。由「家族主義」產生「血緣社會」；同時以所居住土地的愛着爲中心，由是以產生「地緣社會」，即「隣保社會」，更由這些社會成員的精神的交歡以構或「友誼社會」。所謂共同社會，就是這樣擴大而成的。共同社會的結合，由於成員的相互作用。成員的相互作用，又必依賴「由精神的交通而來的理解」，並且共同社會的「精神的交通」，較之「利益社會」的「精神的交通」更爲切要。因此用作「共同社會」的「精神的交通」的新聞雜誌，較之「利益社會」的爲多。在過去及現在，不能當作「利益社會」機關的各種出版物，都可以視爲「共同社會的精神的交通機關」。

總之，不問「共同社會」或「利益社會」，凡社會的結合，必有待於成員間的互相理解。而理解的相互作用，必以成員間的精神的交通為前提。成員的精神的交通，乃是社會結合的重要的要素，「新聞」就是社會之精神的交通的重要機關，也就是社會結合的重要的要素。無論「利益社會」或「共同社會」，新聞一定是為社會所需要的，它和「社會生存」有不可分離的關係。（以上見棟尾松治民著「新聞學概論」第十一至十八葉）

就上文所述，我們知道「新聞」的解釋是隨時代，環境，階級而異其立場的。所以要為「新聞」下一個確切不移的定義，當然不容易。徐寶璜氏所下的定義，頗簡明得當，我們可以採用。如果要澈底的了解「新聞」一語的涵義，那就是在講完「實用新聞學」以後的事情了。

（第二章完）

實用新聞學

謝六逸編

第四章　新聞的職能

現代的新聞紙（報紙）對於社會文化有莫大的貢獻，在政治、經濟、教育、藝術、外交各方面，新聞紙的職能都可以充分發展。新聞紙的職能充分發展之時，它對於社會文化的推進力甚大。所以觀察一國的文化，必先觀察那國家的新聞紙。

新聞紙為甚麽有這樣的勢力呢？要回答這個問題，第一，先要知道「新聞」，「新聞紙」，「社會」三者的關係，第二，要知道「新聞」與政治、經濟、教育、藝術、外交等文化現象的相互關係。

「新聞」，「新聞紙」，「社會」的關係，有如下圖：

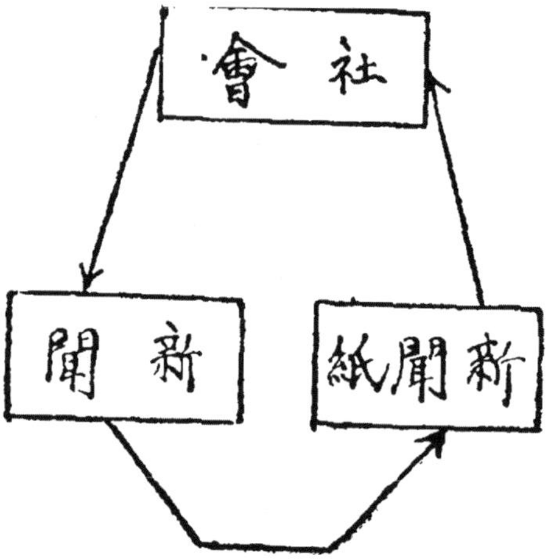

這個圖表示「新聞」是一種原料，而原料的出產處就是「社會」用這種原料做成的生產品（或製成品）就是「新聞紙」。生產品製成以後仍然要送到市場（社會）上去，以求消費者。這是資本主義社會裏的新聞紙的生產過程。

「新聞紙」的原料是政治、經濟、教育、藝術、外交……等等，「新聞」的實質不過是指這些東西。

新聞記者從社會裏面將這些「新聞」採訪到手，或者寫成「記事」，或者寫成「評論」送到「工場」（印刷部），再由「廣告部」送去廣告，於是經過「揀字」、「小樣」（校對）、「大樣」、「紙版」、「鉛版」「印刷」等工作，將「新聞紙」完全製成。再由「發行部」經過「郵送」、「發送」或報販的「叫賣」送還「社會」。照這樣看起來，「新聞」、「新聞紙」、「社會」三者的關係又可用下圖表示：

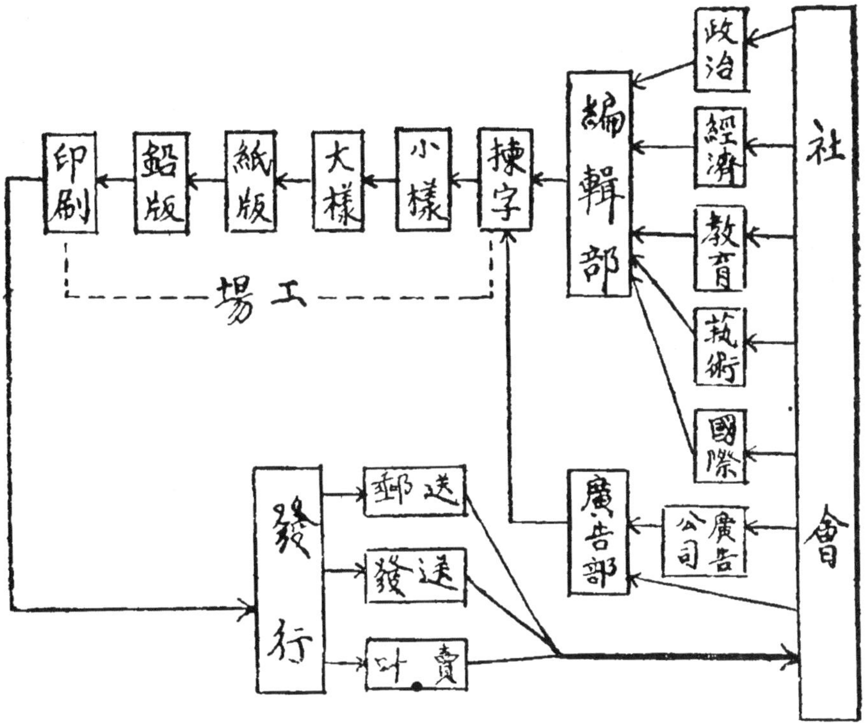
社會
政治
經濟
教育
藝術
國際
編輯部
廣告公司
廣告部
揀字
小樣
大樣
紙版
鉛版
印刷
工場
發行
郵送
發送
叫賣

(註)此圖僅爲表示「新聞」、「新聞紙」、「社會」三者之關係而作，故「報館」中各部分工作未能盡入圖內，讀者注意。

由上圖可以知道新聞紙的職能是怎樣活動的；又可以知道「新聞紙」除開政治、經濟、……廣告、照相等外，別無甚麽可用的「原料」，而這些「原料」就是社會文化。原料是有了，可是要取得這些「原料」，非有相當的「學識」、「經驗」、「工具」、「意識」是不行的。將這些「原料」製成「生產品」，又非有完美的「設備」、「組織」、「管理」不行。否則製造出來的「新聞紙」匪特不能推進「社會文化」，反而毒害社會，甚至阻礙文化的進展。這就是不能充分發展新聞紙的職能或誤用其職能的結果。

其次，再分述「新聞」與政治、經濟、教育、藝術、外交的相互關係，就是說明「新聞」之政治的職能、經濟的職能、教育的職能、藝術的職能、外交的職能等等。

(一)政治的職能　新聞紙(或新聞)的發達與政治的進展有密切的關係。歐洲現代的新聞紙是怎樣發達起來的呢？它的發達與歐洲的「資產階級的民主政治」(Bourgeois Democrracy）是一致的。十八世紀的法蘭西大革命，新興市民階級抬頭，推倒封建的貴族階級。在政治方面，就是新興的資產階級的民主政治代替了封建貴族的專制政治。這個時候的新聞紙就是新興市民階級的代言人，替這個階級張目，擁護從這個階級裏產生出來的政府，鼓吹自由平等，博愛獨立，用以反抗封建貴族的專橫。到了十九世紀，正是產業發達時代。這時各國政治的目的就是如何發展產業；如何富國強兵，以造成繁榮的國家。同時科學發達，如火車輪船等交通機關無不精愈求精，機械也日趨進步，各地的烟囱林立，工廠裏的汽笛聲嗚嗚而鳴，整千整萬的勞動者出入於各種工廠。於是資本家役使勞動者，以求達到他們的大量生產的目的；政治家也要振興國產，獎勵財富。這時的新聞紙又來擁護資本家，鼓吹保護關稅政策，鼓吹擴充軍備。在這個時代，可以說「資本家」、「政治家」、「新聞紙」三者是同一個鼻孔出氣的。到了二十世紀，正是資本主義的成熟時期，同時資本主義的缺陷也漸漸暴露出來了。大家都要富國強兵，國際的和平就不能維持；資本家要得到多量的財富，勞動者就不能不有厭言。什麼歐洲大戰，什麼階級鬥爭，都一齊來了。政治家看見這種情形，非想補救的辦法不可，所以有「國際聯盟」；有「軍縮會議」；有

「華盛頓會議」。可是私底下依然擴充軍備，仍要富國強兵。對於階級鬥爭呢，政治家也想出許多「社會政策」，借以緩和調節資本家和勞動者的衝突，比如工廠法的制定，救濟失業，開辦工人子弟學校；工人衞生設備，勞動保險，他們替勞動者設法幾種所謂「福利的設備」，安安大家的心，叫大家一心一意的做工。而這時的新聞紙呢，當然不用說，凡是政治家的政策，資本家的利益，都一概擁護。凡是政黨都得辦（或者買收）一兩種「機關報」，宣傳本黨的政策，指摘敵人的過錯。新聞紙對於資本家尊如「財神」，因爲有大幅的廣告送來登載，當然不便得罪。直到今日，「政治家」「資本家」「新聞紙」依然打成一片，猶如三位一體。照這樣看來，凡是政治家無有不利用新聞紙以達政治的目的的，（在議會政治的國家，此種現象更其顯著。）但是新聞紙爲什麽要給「政治」利用？其原因就在於新聞紙的本身具有「政治的職能」，它有時要發揮它的政治的主張，貢獻政治上的意見；或指摘行政的缺陷，所以它不能不和政治發生密切的關係。我們不可以忘記大多數的新聞紙是順從善良的，是與時代合流的。如要做一個時代的「弄潮兒」或者佔立在時代之前，那就看這種新聞紙如何應用它的政治的職能了。

（二）經濟的職能　上海各報特闢一定的篇幅登載市場、金融、商情，取名爲「經濟新聞」或「商業新聞」這就是新聞紙的經濟的職能的應用。新聞紙的「經濟欄」，將原料市場、生產品與消費市場的供求關係，日用生活品的價格報告出來，讓生產者考慮生產的數量；消費者也得着參考的資料，這對於國民經濟的貢獻甚大。優良的報紙常用淺顯的文字，將世界經濟的狀況，一般經濟商業的知識刊載出來，灌輸於讀者，使國民於無意中明瞭國內外的經濟情形，其效力是很偉大的。其次，在資本主義的社會裏，生產者無不重視「商品廣告」所以現代的新聞紙，除了蘇俄的新聞紙之外，每天都刊登大幅的廣告，而報館的收益也全賴於此。「商品廣告」的目的，就是生產者將「商品」與「商品的效用」通知消費者，以引起消費者享受「商品的效用」的欲望。資產階級常有追求「流行」的欲望，比如在今天的新聞紙上看見某種流行的物品就想購買，這種意識爲資產階級或小資產階級所必有的，於是乎「商品廣告」的目的完全達到了。就「生產經濟」與「消費經濟」兩方面講，新聞紙的爲用甚廣，而它的經濟的職能便在這個地方。

（三）教育的職能　「教育即社會，」這句話我們已經聽得爛熟了。新聞紙既然是社會的縮圖，所以它在教育上的功用甚大。用譬喻來說，新聞紙是一所永無畢業期的學校，無論老少男女均可在每天朝晨得着活鮮鮮的此刻現在的知識。現今的學校教育、社會教育、家庭教育如果善於利用新聞紙，必能增進教養的效率。日本的小學校常用「社會新聞欄」的記載作為教材，這足以證明日本的新聞紙已發揮它的教育的職能，而日本的小學校確能認識新聞紙的眞價。這事在我國的報紙能否做到？記載「強姦」則惟恐不能繪聲繪影；記載外國巡捕腳踢人力車夫則措辭間不惜稱巡捕為英雄好漢，嗚呼哀哉！又如記載世界的「時事」有頭無尾，甚或替著名的都市「移居」、為著名於世的人更改「籍貫」，眞是「不勝枚舉」。此種新聞紙的「教育的職能」不知應用到什麼地方去了。不過當作「強姦教科書」或者「奴隸教本」那倒是很合用的。現今的企業家有幾人肯依照菲立浦氏(Wendell Philips)的話——「新聞紙是一切人的父母、學校、大學、講壇、劇場、模範、顧問」去經營新聞紙呢？

（四）藝術的職能　「藝術」的範圍過於廣泛，現在只就「文藝」說。新聞紙的原料甚多，已如前述。文藝作品也是新聞紙的原料之一。文藝作家有「創作的才能」同時就有「發表的欲望」「無名的作家一旦在新聞紙上發表了作品，世人認識他的眞價，立刻可以成爲一個流行作家，這是新聞紙對於文藝的職能之一。其次，文藝的普遍化，也是新聞紙的職能。大規模的新聞紙，將論朝刊夕刊常登載長篇小說（有無文藝的價値是另一問題），其結果使文藝浸潤到社會裏的各種讀者，影響之大自不待言。令文藝普遍化，其他出版物斷乎比不上新聞紙。

（五）外交的職能　新聞紙能夠做到「代表民衆言論」的機關，始可發揮它的外交的職能。政府的外交方針應以全國的輿論爲標準，而輿論便是寄托在新聞紙上的。國民外交的利器更有賴於新聞紙，駐外公使對於駐在國的新聞紙上的言論常譯成本國文字送給本國政府作爲重要的參攷資料，便是這個原故。至於外交之必須利用新聞政策更爲人人盡知的事實。例如日俄戰爭以後，美國出來調停，兩國在「朴茨茅斯」議和。日本方面的全權代表小村氏抱着日本明治維新以後的「外交秘密」政策，他到美國之後，美國新聞記者去訪問時，他噤口不言，新聞記者對他的印象極壞。俄國的代表便反其道而行之，對新聞記者的訪問應對如流，新聞記者對俄國代表頗有好感。白種人都有一種崇拜「英雄」的脾氣（卽英雄主義），當初對于戰勝國的日本代表總想拍他的「馬屁」，誰知這般美國新聞記者拍「馬屁」拍在馬脚上，從小村的口中只得着一句「Secret！」他們要不高興也無怪其然了。俄國代表是戰敗國，在早沒有人理睬，然而他懂得新聞紙的外交的作用，所以反而門庭若市。後來美國的輿論對于戰敗的俄國漸漸有利；美國人民對於俄國也表同情，外交上的成敗也就於此決定了。最後我們不要忘記新聞紙可以監督政府的外交方針，也可以幫助政府作外交的後盾。但若一味捧場喝采，對於本身的職責就不免有愧了。

新聞的職能，本章只述其概略，以後講到編輯的實際工作時再爲詳論。

（附註）　按「報」「報紙」「新聞紙」幾種名詞在國內習用已慣，同指一物，意無兩歧。惟在習慣上當用「報」時不能用「新聞」；用「新聞」時不能用「報」。例如「報館」如稱爲「新聞館」，則非習慣用法；如「採訪新聞」而言「採訪報」，亦非習慣用法。又如不說「看報」而說「看新聞紙，」也非習慣用法。從前有人主張大學裏的「應聞學系」應改作「報學系」；或「新聞學」應改作「報學，」我則以爲改與不改並無什麼重要。我們只求不要把大家嘴上講慣的「報館」改做「新聞館，」或將「採訪新聞」改做「採訪報」就行了。根據習慣用法和說話的便利，本講義裏面有時用「報紙，」有時要用「新聞紙，」但決不是用辭的不統一。恐讀者誤會，附記於此。

本章提示：

一　新聞紙與社會文化的關係。
二　「新聞」、「新聞紙」、「社會」三者的相互關係。
三　政治的職能。
四　經濟的職能。
五　教育的職能。
六　藝術的職能。
七　外交的職能。

實用新聞學

謝六逸編

第五章　新聞的進化

人類生而有求知的慾望，報紙就是從求知的慾望產生出來的。「新聞」的起源和人類的發生可以說是同屬於一個時代。人類出現於世界時，那時已經有了「新聞」。有人說：「留在海邊的砂灘上的足跡，就是「新聞」」。（註：見杉村廣太郎著：「新聞的話」）這句話的意思，就是說見了砂上的足跡，可以知道那人的來蹤去跡。從此類推，婦女的饒舌，市井的談論，也可以稱之爲新聞，不過是未經印刷的新聞紙罷了。有人又說了「新聞 News 一字的意思，就是指南針上的東西南北（其實是北東西南）N.E.W.S）的縮寫。」（見岳斯特著：新聞學概論第三頁）這也是暗喻新聞是從東西南北，四方八面而來的事件。

因爲新聞的起源和人類的發生是同時的，所以英國的新聞史家維廉氏斷定新聞的產生乃是人類的本能。他在「英國新聞史」(J. B. Williams: Historg of English Journalism to the foundation of the gazatte' 1908) 的卷頭說道：「想要知道每日事件，遠方友人消息，異國事故的慾望，乃是人性所具的本能。」"The desire to know the events of the day, to be told what distant friends are doing, and to hear of occurrences in far-off countries is an instinct Implanted in human nature" (見棟尾松治著：新聞學概論，第五十三頁) 但是像維廉氏這樣的斷定新聞的起源，棟尾松治氏卽提出異議，他以爲維廉氏的「本能起源說」並不澈底，只是爲了避免研究的困難，而將新聞的起源，推卸於人類的本能，這樣未免太便宜了。棟尾氏認定「新聞是社會的精神上的交通的機關，」故新聞的發生，必與社會的發生同時；社會逐漸發展，則新聞也逐漸發展。社會的根本意義爲人與人的結合，因此不能缺少精神的交通。原始社會所用的「精神上的交通」的方法，是用互相接觸的方法，和傳達彼此間的意意的方法，即是由相互的接觸以增加理解，由意志的傳達以達到精神的交通。最初傳遞意志的方法是用搖身手勢，叫聲等，到了後來才用語言來表示意思。語言的發明就是人類社會結合的母胎。語言的發生，就是「新聞」的機能的基礎。所以棟尾氏以爲研究新聞的起源，可於語言的發明一點去追究、不必諉之於人性的本能。

新聞的發生必依賴語言，所以新聞的原始形態就是「口頭新聞」(Spoken News)。關於口頭新聞，因爲缺乏確切的史實，詳細的研究，已不可能。據說古代羅馬人曾在公衆集會的席上，浴場內互相交換消息，以求新知識。凱撒大將(Julius Caesar)在羅馬國境設置關卡，從他國來的旅行者，探聽旅行時的見聞；詳細調査他國的政治，兵制，軍備，人民的生活狀態等。羅馬人本是歡喜異聞奇事的一種人，他們圍着遠來的旅客，探詢異聞；有的以此爲職業，聽後更向其他市民談說，以圖酬報，稱爲 Nauvellistes 或者 News Mongers 。此種在口頭上販賣新聞的人，後來頗受高盧 (Gaul) 人的歡迎，曾至巴黎。在德國也有以此爲業的人，稱爲 Sanger ，他們將當時的詩歌，遍歷諸侯的城廓，口中吟詩，在詩中報告當時的新聞。除此之外，也有在咖啡店談論時事，交換新聞的。例如英國倫敦的咖啡店就有貴族，政治家，有名或無名的文人聚集，彼此交換消息。綜上所述，可以稱之爲「口頭新聞」。（見棟尾松治氏著：新聞學概論第五六至五七頁。又詳見 L. M. Salmon: The Newspaper and Historian, P. 2-3)

新聞進化的第二階段爲「手寫新聞」(Written News)。文字發明以後，就可以用它來記錄語言，傳達意志。「手寫新聞」就是利用文字來傳播消息的，只要認識文字的人便可以享受各種消息，並且可以將它永遠保存起來，較之口頭新聞，算是進步的了。

「手寫新聞」的發生時期，現在頗難斷定。但據史家的記載，以爲古代羅馬凱撒大將所發行的『元老院會議官報』(Acta Senatus) 與『國民會議官報』(Acta Diurna, Populi Romani) 二者爲最早的手寫新聞。可是這兩種官報並未遺傳後世，所以真確的情形，我們依然不能明瞭。我們從古代文獻的記載，知道當時的地方官，或豪族雇有一種通信員，抄錄這兩種官報上記事送至各地方。至於手寫新聞盛行的時候，當數十一世紀末十字軍遠征的時代。爲了奪回聖地耶路撒冷從一〇九六年起，在一百七十五年之間，共舉大軍七次。當時從軍的教徒，都是德法等國的諸候，市民，農民等，在戰爭時屢遭土耳其人打敗，或因衛生狀態不佳，粮食供給不完備，戰死和病死者很多。出征人的家族，都想知道戰爭狀况和外面的情形，所以德法各地，有報告戰况的手寫新聞盛行，以販賣新聞爲職業的人，也鈔錄當時的消息發賣。還有當時在十字軍中供給軍需品的意大利商人，他們寄回威尼斯各商品的書信，也記載商情和戰况，在書信的冒頭，寫上「Novella」一字，這也可以看爲一種手寫新聞。此種手寫新聞，現在還保存在威尼斯的圖書館裏面。十字軍以後，手寫新聞在各國逐漸流行。十四十五世紀時，法國和英國之間，發生「百年戰爭」。法軍被英軍攻擊，陷於絕境之時，忽然出了一個貞德女士（Joanne d'Arc）挽救危亡的祖國，此事對於以販賣新聞爲業的人和「手寫新聞」者，實爲一個良好的機會。故此時英法各國的手寫新聞也頗盛行。百年戰爭以後，手寫新聞和小册子的發行愈盛，以此爲業的記者，從事於政治新聞，旅行談，文學，美術，演劇，音樂，詩歌，笑話的蒐集筆錄。他們提帶紙筆，出入於巴黎的公共場所，盧森堡公園的雕園；寺院，咖啡店等處，隨見聞想像之所及，將實有或虛無的事件筆記下來，用以發賣，頗爲市民所歡迎。在十七世紀時，倫敦的咖啡店實爲英國的新聞與輿論的中心。自一六五二年倫敦的咖啡店興起之後，一般貴族，政治家，宗教家，文學家等，或上中社會的人士都出入於咖啡店。後來咖啡店增多，出入的人士也愈繁盛。他們在咖啡店裏交換新聞，談論時事問題。此種傾向在當時極其盛行。當此之時，就有各地方（例如愛丁堡等地）的豪族僱用通信員駐在倫敦，將政治文學和其他消息寫成通信，每星期寄給他們的主人。此種寫的通信，稱爲"News-Letter"就是當時的「手寫新聞」。各地方（例如愛丁堡）收到通信之後，上中社會的人聚集起來，以通信作爲談話議論的資料。並將通信分發加入此種集會的會員輪流閱覽。遇着特別有趣的故事，則筆錄保存之，或以之示鄰近與親族，互相談論。這種通信，稱爲「週寬手寫新聞」。德國的「週覽新聞」，較英國爲早，稱爲Zeitung。在十六世紀時，各寺院，都市，大學，豪族，富商之間，已經有交換閱覽的手寫新聞了。當時德國的都市與豪族，設有一種「飛脚制度」，(Boten) 使任傳送通信的職務。自十七世紀德國的郵政制度創設以後，Zeitung就成爲定期性的東西，每週發送一次，互相交換。後來逐漸發達，通信記者將新聞分配於預約者。現在維也納圖書館中所藏的，Fugger Zeitung 即爲奧古斯堡的富商 Fugger 氏從一五六八年至一六〇四年所蒐集的各種手寫新聞，爲研究當時迴覽的手寫新聞的絶好資料。

(附註)以上所述，大體根據棟尾松治氏的新聞學概論第五五至六二頁。棟尾氏的資料，自下列各書而來。(1) L.M. Salmon: The Newspaper and Historian. (2) T. B. Macaulay: Histsry of England. (3) W. J. Couper: The Edinburgh periodical press. 爲讀者參考計，特附記於此。

新聞進化的第三階級爲「印刷新聞」。在德人古登堡 (Johann Gensfleisch Zu Gutenberg) 發明「活版印刷術」之後約一百數十年，印刷新聞始行產生。在活版印刷之前，經過木版，瓦版印刷）其產生的時代爲十六世紀中叶。一五六六年意大利刊行的威尼斯政府官報—— Notizie Scritte 卽印刷新聞的鼻祖。最早的印刷機，當然極爲幼稚，古登堡所用的就是用手力的，在十小時內最多能印七百張。後來漸次改良，在一八〇〇年，英國的施坦霍樸伯爵（Earl Stanhope）也發明印刷機。一八一二年美國的克萊瑪（George Clymer）發明哥崙比亞式印刷機（Columbia Press）在十九世紀初頭，手力印刷機始溱於完成。到了一八二〇年，美人 Daniel Treadwell 渡英，發明「脚踏印刷機」（Foot Press）；後來逐漸改良，在一小時之內，便能印刷八百張至一千五百張。一八一四年德人格尼氏（Friedrich Konig）發明捲筒印刷機（Cylinder Press,）後來更有 Stop Cylinder Press, Swing-Cylinder Press 等出現。最完全的捲筒機，則爲美國 R. Hoe 公司於一八四七年所發明的，一小時可印二千張。如用工人四名，能印八千張；用工人十八能印二萬張。後來逐漸進步，雖有高速度捲筒機的發明，如美國 Henry A. Wise Wood 式，能於一小時內印成兩面印刷的三十二頁的報紙六萬份，且能由機器自動折疊，送達發行處。

以上爲新聞進化的三階段。至於「經營」，「編緝」方面也有其發達變遷的程序，以後當詳論之。

本章提示：

一、新聞的起源如何？

二、何謂口頭新聞。

三、何謂手寫新聞。

四、何謂印刷新聞。

五、研究印刷術發明的經過。

六、研究我國最早的新聞，例如「邸報」等類。

七、蒐集我國舊時的手寫新聞，例如「稟貼」等類。

八、蒐集我國舊時關於記載「手寫新聞」的文獻。

（附註）第五至第八可於圖書館中尋覓參考材料。

實用新聞學

謝六逸編

第六章　新聞記者

在資本主義的社會裏面，新聞是一種商品，所以新聞的生產必以勞動力爲基礎。新聞記者就是受報館的僱傭而從事於生產勞動的勞工。

新聞記者是「社會現象」的傳達人，他是社會指導者。他們的職業猶如醫生，律師，學校教師一樣，是一種獨立職業。他們的職務對於社會公衆，有莫大的關係。世界的文明國家，凡醫生，律師，教員都得經過政府的試驗，試驗及格，然後許可執業。其用意有兩點：一是借此保護此種「公的職業」；一是保護國民，維持國家的安甯。德，英，美諸國的學者，有的主張新聞記者也應該受政府的試驗，可是至今未能實現。因爲現在的新聞記者全爲企業家僱傭，他們在新聞企業家的統治之下，斷難維持「公職」的權聞，那末新聞記者的資格便可以嚴密規定，不致有危害社會的新聞記者混雜在新聞界裏，然後可以說新聞記者是無冠的帝王。

新聞記者爲一種知識勞動者，所以充當新聞記者的唯一條件是學識豐富，勤苦耐勞。再加上『責任心』與『倫理觀念』，然後可以稱爲一個完全的新聞記者。我國的新聞記者大多數對於新聞學識缺乏研究，他們生在這個過渡時代，自也無怪其然。歐美各國在大戰以後，大家都注重新聞人材的教育培植，尤以德國爲最顯著。柏林大學於一九二六年四月成立『德國新聞學研究所』，受教育部的補助，更有『德國新聞發行家協會』與『德國新聞編輯者聯盟』爲之後援，其目的在於養成偉大的新聞記者。校址在大學街的圖書館內，由瑪丁穆爾主持。所內分理論新聞學，新聞的構造．新聞通信三組。特殊科目有『大都市的新聞事業』(加爾伯氏)，『新聞裏頭的演劇電影批評』(袁格爾氏)，『現代地方新聞的發行』(哈爾步倫氏)，『新教的新聞事業的組織』(亨德拉氏)，『社會民主黨新聞的組織』(克留斯氏)，『當作組織樞紐的出版』(洛伊波爾脫氏)，『德國主要都市裏的地方鄉士新聞的通信事務代理研究』(麥獨加氏)，『無線電與新聞論』(洛伊曼氏)，『加特力教新聞的報道』(俄爾特氏)，『新聞記者職業的前提條件』(李希達氏)，『議會與新聞』(薩魯耶氏)，『以洛加爾及肯夫爲中心的國際會議的報道研究』(休泰因·魯巴脫氏)，『德國新聞的組織』(茲伊古拉氏)。德國巴登州的佛萊堡大學也設有『新聞學系』，成立於一九二二年，由加卜教授主宰，講授『近代新聞學概論』，『輿論社會學』，『史的新聞論』，『由理論方面所見的新聞』，『近代新聞問題』，『近代日報的構造與組織』。美國的新聞學研究開始於一八九三年，由『賓夕爾瓦尼亞大學』設立新聞學講座。次爲一九〇八年維廉博士在米蘇里大學主宰的新聞學院。一九一三年哥侖比亞大學也設立新聞學系。現在美國的新聞學研究機關已有八十六所。試舉哈佛大學的新聞學課程，以窺美國人士研究新聞學所取的方針：(一)新聞行政 (包含新聞社的組織，發行者的任務，新聞財政，國內外通信網的組織)，(二)新聞紙製作(印刷機械學，油學研究，紙的研究，紙板的作用，編輯方法，排字，揀字，鑄字，鉛字機，校正等），(三)新聞紙法理（著作權，出版法，誹謗罪，依正當手續報道的新聞紙的權利義務，發行者，編輯者，論說記者，外勤，投稿者的責任），(四)新聞紙的倫理(記者對於公衆的責任的意義；對於出版自由，發行者，編輯者，論說記者，外勤記者應有的心得），(五)新聞紙的用語及文法（新聞紙的慣用語，句點，省略，綴法，照相等），(六)新聞實習(採訪，論說，分段研究），(七)副科(現代史，政治學，經濟學，地理，財政學，商業管理等）。米蘇里大學的課程有新聞紙發達史，新聞原理，新聞倫理，新聞行政，新聞採訪，通信作法，新聞紙法，比較新聞學，新聞紙製作等科。

就現在各國培養新聞記者的現況看來，我們知道新聞記者不是可以隨便從事的，沒有眞正的學識就不能担任新時代的記者的任務。所以中國未來的新聞記者，應該脚踏實地的研究新聞學。如果認定新聞記者爲自己的終身職業，就應該以此爲「專業」，不可再兼他種業務。

世界各國的新聞記者，有以新聞事業爲「專業」的，有以之爲「兼業」的，各國情形，各有不同，列表於下，借以概見一斑。

國別	視爲獨立的職業與否	兼業的狀況
澳大利	專業	極少，兼外國通信員
法蘭西	同右	欲兼做官吏教授者甚多
德意志	同右	契約規定，不能兼業
英吉利	同右	不定
匈牙利	同右	因新聞托辣斯發達，在同業內兼職者多
意大利	同右	服務於一報
波蘭	認爲主要職業	需要副業，故兼
盧森堡	賴他業爲助	兼業

西班牙	不能獨立生活	只能作爲副業
美利堅	主要職業	兼者少
瑞典	同右	同右
瑞士	認爲獨立的職業	全國五分之四的記者服務於一報
日本	主要職業	兼者極少，因工作繁重
中國	視爲獨立的職業	兼他職者最多，或做官或經商

新聞記者是一種勞工，既是勞工就須設法改善自己在社會上的地位和經濟狀況。在大都市的報館服務的新聞記者，他們的地位比較可以安定，但是依舊是不可靠的。新聞記者的報酬甚薄，所以在物質方面常感到不足。他們的作工時間又極沒有規則，大多數在夜間工作，對於身體的健康，時時受到威脅。因這些原故，新聞記者非有組織不可，有了組織，大家可以同心協力研究改善地位增進福利的方法。

在世界各國中，新聞記者的組織最完善而有力量的，首推英國。英國新聞記者的組織開始於一九〇七年，起初只是一種職業組織，後來歷經改革，就成爲很完善的組織了。他們的組織名叫「全國新聞記者聯合會」The National Union of Journalists）一九二四年，會員的人數增加到四千四百八十人，現在已有四千八百人了。會員的總數，已超過英國全國新聞記者的過半數。該會的組織係依照其他職業協會(Tmade Union)的法規組成的。他們和其他的勞動團體估在同一戰線上，擁護本身的利益，歷來工作的成績，很受讚美。他們發行一種機關雜誌，名叫『新聞記者』（Journalists)。

上述的『新聞記者聯合會』是佔立在勞動者的立場上組織的。同時在資本家方面也有一個組織，名叫『新聞記者會』(Institute of Journalists)，此兩種組織互相對峙。

全世界的新聞記者也有一種組織，名叫『國際新聞記者協會』(International Federation of Journalists），各國的新聞記者加入該會的很多，現已有會員二萬五千人。曾於一九二七年開『國際新聞會議』，公開的討論新聞記者的職業上的利益。

報館對於新聞記者的待遇，各國各不相同。以勞動時間言，就沒有一定。平均約爲六小時至十小時。蘇俄的報館雖採用八小時制度，但在實際上恐未能嚴格實行。報紙須每日出版，所以新聞記者的休息日期也是一個值得注意的問題。從事他種職業的人，每星期可以得到一天或一天半的休息(Weekly rest)，可是新聞記者就不容易。只有英國的新聞記者每週能夠休息一天半，其他各國則每週也有一天的休息。我國的新聞記者除了假日之外，沒有週末的休息。外國的新聞記者除開週休之外，還有年暇(Annual leave) 凡服務十年以上者，每年可以享受一個月的休暇，這在我國也是夢想不到的。我國普通新聞記者的報酬極其菲薄，多不能自給，如與英國日本的新聞記者的所得比較，相差甚巨。此外報館方面對於記者的『福利設施，』在我國也有提倡的必要。新聞記者的職業是極辛苦的，無論『外勤』或編輯，多在夜間作業，所以應該使他們在精神物質方面都能夠稍稍滿足 然後可以專心業務。現在我國的新聞記者，大多數以報館作爲『踏脚梯』，借以走進政界；或希圖他人的津貼，或另覓不正當的財源，長此以往，我國的報紙終無革新的希望。我們相信將來報館方面對於新聞記者的待遇設施，能有改善之一日。

本章提示：

一、新聞記者爲一種勞工。

二、新聞記者職業的神聖。

三、德美諸國培植新聞人材的情形。

四、世界各國新聞記者的專業，或兼業的狀況。

五、新聞記者的團結。

六、新聞記者的待遇問題。

附考試題目：

「理想中的新聞記者」

參考書：

一、本講義各章。

二、茶話集（第六九頁以下，第一二三頁以下，第一七九頁以下）

右書爲謝六逸著，上海新中國書局出版。右題限收到本章講義之後，一星期內作好寄交學校。

實用新聞學

謝六逸編

第七章　新聞的要素

（一）

新聞是一種記錄，將最新的事實，公告於人。新聞的公告必使最多數的人感到興趣，卽應對於讀者的生活與興趣發生關係。新聞的力量，可以使人含笑，也可以使人噓唏。又可以使人得到暗示，使人思考事物，使人有所作爲。新聞的優劣是非，就看它所影響於人的程度如何。「新聞價值」（News Value）的決定，應偏重於讀者方面，以讀者的現在的生活爲標準。如美國米蘇里大學校長維廉博士（Walter William），也說新聞應以引起最大多數讀者的興味爲第一，他列舉六項，說明「新聞價值」。

(一)與著名人物或著名場所建築物有關係的事項。

(二)在新聞發行地的「近距離範圍」內發生的事項。

(三)極珍奇的事件稀有的事件。

(四)重大事件，內容含有重要性質的事故。

(五)喚起衆人的興味的事件；多含有人間的興味的故事。

(六)得時，(Timeliness)即得時(Timely)的新鮮事件——非舊聞而爲新聞。

(見William and Martin: The Practice of Journalism P.172.)

布利耶教授(Prof. W. G. Bleyer)以爲最良的新聞，應該是——

得時的事件，能喚起一般人的興味。最善的新聞，不外是使大多數的人覺得最有興趣的東西。

布氏又說：

「新聞價値的多寡，由新聞直接影響讀者生活的範圍而決定。其所影響讀者的範圍愈廣，愈是最良的新聞。」

（見 W. G. Bl yer: Gewspaper Writing and Editing.）

日本棟尾松治氏論「新聞價值」說：

「與人間的社會生活有關係或對於社會生活有何等影響的一切事件，就是新聞。與讀者的關係愈密切，其所影響的重要性愈多，則新聞價值愈高。」

（見棟尾松治著「新聞學概論」第一九六頁）

由上列諸說，可以知道須適合這些條件的新聞始有刊載的價值。但是他們的話，未免過於籠統，我以為「新聞價值」的判斷，須根據「新聞」的要素。列舉於左的六種要素，如某種新聞能完全具備，則可稱為「新聞價值」最高的消息。

（一）時間的接近性 (Immediacy, Timeliness)

（二）距離的接近性 (Proximity)

(三)顯著性 (Prominence)

(四)異常性 (Oddity, Unusualness)

(五)進展性 (Progress)

(六)趣味性 (Human Nature)

新聞記者知道此六種要素，始可以選擇新聞。對於新聞編輯或採訪，有極大的幫助，以下逐項加以說明。

(一)時間的接近性　凡新聞的性質，皆在過去與未來的中間，即是最近於「現在」的新發生的事件。新聞印刷成爲報紙之時，其所含的事實，已決非「現在」。因爲新聞記者目視或耳聞之時以至於印刷之間，已經過相當的時間，不免成爲最近的過去了。現代的報紙必須刊載最近於「現在」的，最新的消息。但是我們不可以辭害意，不能說「過去」或「未來」的事實不能作爲「新聞」。我們只是說，無論「過去」或「未來」的新聞都須與「現在」接近。更以圖說明如左——

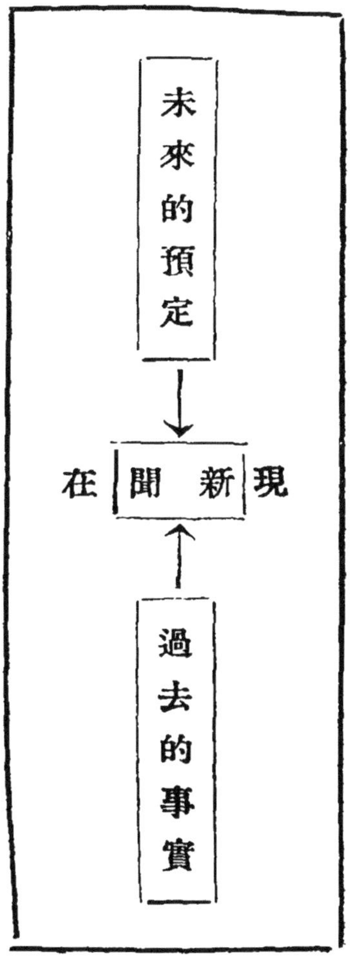

日報的生命只有一天，隔日的報紙如不能作爲「明日黃花」來閱覽，則只有作包「花生米」之用。因爲他已失掉時間的接近性，新聞價值已大爲減少或竟全無了。

凡是「歷史」都不是「新聞」，不過歷史上的事實，如果與現在發生的事件有關係或者成爲現在發生的事件的主因，則那歷史上的事實也可以成爲最良的新聞。例如——

馬可·勃羅著的東方紀行的原稿於今日發現

新聞
- 過去的事實(歷史)
- 現在的事件

實用新聞學

謝六逸編

考古學者發現古物與探險家報告若干年前探險的實現，事件雖爲陳舊的過去的，但仍可視爲重要的新聞。

（例）曹王墓

證明係東漢遺址

董作賓繼續考察靈丘薛城

山東大學九學生參加工作

滕縣安上縣曹王墓發掘後，墓前曾發現有雙魚花紋之刻石，現據董作賓氏談，並非「漢洗」而爲漢石詩常物，無甚奇異。惟此墓現已確定證明係東漢遺址，是否魏武祖塋則尚難考查。山東大學教授劉咸及學生等九人，十一日抵安上村以後，協助工作，生力軍加入後，益形熱鬧。十二日由董作賓分配學生赴曹王墓工作，餘四人及劉咸則留安上村，目下董氏正在繼續考察靈丘及薛城遺址。記者前日赴滕，勾留半日，視察所及，略誌如下。

安上遺址

截至十六日止，發掘者已開至三十六坑，昨日在第二坑圓井中取出大木槓數支，徑約數寸，長五六尺許，係在井之底部，縱橫排列，其上有石塊甚多，瓦片每日約有數筐。聞此井時代較晚，究在何時，並有何用途，刻正在研究中。山東大學生各攜手册，在寒風凜冽中往來坑旁，審視記載，頗爲熱心。劉教授則偕同董氏，赴陵城村一帶，調查靈丘坟，靈丘即孟子所載晁蚳曾宰宋之地，距安上遺址北約十里。關於安上遺址附近地圖，由祁延霈測繪，不可即可完工。

曹墓石室

曹墓工作，已開至十五礦，計有石室者十，無室而作匣形者五，皆已爲人盜掘，其中掘出殘碎明器及五銖錢等，均可確證爲東漢時代之遺蹟。主其事之牟祥農氏，刻正督工在附近尋覓二十餘石礦，山東大學生四人，從事分別記載工作，並量繪各石礦之構造形式。

薛城調查 董氏以工作人員增加，而安上曹墓兩處，已發掘十之五六，擬赴鄒峯等處，調查附近遺址，以爲繼續工作之準備，乃將安上曹墓兩地工作，交由工作人員依預定計劃，分別進行，並託劉教授指導督率。董於十六日赴滕，十七日往鄒縣及薛城臨城一帶調查，同行者有山東大學學生劉維均，預計五日內回工作地。

有一種特殊的記事，與時間性無甚關係，其性質近於「記事文」，爲一種含有新聞性質的讀物，名爲 Feature News。此種記事，多用長文描摹，國內報紙不常見，美國報紙則擅長此調。今舉一例如下。

(例)魯南蒙山人民生活

衣食住行尙有野人風
不識字亦不知有民國

蒙山綿亙魯南臨郯，費嶧，蒙泗，新萊各縣，東西二百餘里，南北亦達百餘里。泉水清冽，森林遍山，產名藥異果，及鉛錫等礦，因交通滯澀，百年來鮮有入山開採者。山內人民衣食住行，尙有野人風，每採銀花下山，易米而食，生活極苦，玆特調査蒙山出產及野人生活狀況，記之如次：

野人生活　山內野人，終年不知耕稼，僅採山藥及銀花易粟而食。其人面色黝黑，聲音剛而鈍，終年不履，足底之「岡子」（此爲俗名）有二分厚，登山攀樹，捷如猿。居石室內，每村或十家數十家不等，皆推舉年長有力者，管理全村事，頗似部落時代之酋長。凡有糾紛，均訴請解决。婚嫁儀式，與明代無異。民性極蠻橫，山外人除採購藥材外，不得久居山內，否則必遭暗殺。山居不知歲月，插了梅花便過年。秋夏工作之餘，村長卽率全村人民，在山下跳躍聚樂，且唱山歌。有婚娶者，全村前往幫忙慶祝，頗有合作精神。

衣飾住所　野人居山洞或石室內，室用巨石壘築，高丈許，尙寬大，無門，在壁上留洞以透日光，室內鋪草爲床，全家均睡一室，用薄石板爲桌，鍋碗係由內地購往者，服裝類似明代，均以土布爲之，婦女尙纏足，服裝與男子無異，惟頭裹粗布手帕，言語行動，雖與內地相似，但無識字者，問其年代，尙不知有民國也。

物產風景　蒙山蘊藏，極爲宏富，鑛產有金銀鉛錫煤等，極宏富，其餘金銀花砯砂等名貴藥材，出產亦富，至於紅棗山栗梨柿等果類，更不可勝計。蒙山因泉水繁多，故雜花異樹，生長甚茂，風景極幽雅，且古刹庵院，歷代均有建設，名勝古蹟，亦甚繁多，將來如能開發，裨益國家人民，實甚大也。卽其風景之幽美，亦堪稱雄於華北，費縣童謠謂「蒙山九個頭，費縣水倒流，鄉紳無二輩，淸官不到頭。」蒙山九頭指九頂而言，費縣水倒流，指砯河而言，因該河水係背流故也。鄉紳無二輩，淸官不到頭，則民性之强蠻，可見一斑矣。

屍骸遍野　蒙山外山，原有村莊三百餘，居民達數萬，皆採銀花爲生，民國二十年及二十一兩年，劉桂堂股匪，由抱犢崮潰竄蒙山，肆行屠殺，全山人民，死其十九，村莊放火焚燒，幸免者現僅十餘，滿山屍骸，慘不忍睹。慈善紳耆，曾於今秋組織掩埋枯骨委員會，赴山內掩埋屍骸，截至現在，掩埋之屍骸已達七千具。劉匪爲害魯南，亦殊甚矣。

實用新聞學

謝六逸編

（二）距離的接近性　時間的接近性爲縱的要素，距離的接近性爲橫的要素，二者相並，成爲「新聞」的主要成分。距離的遠近足以增減「新聞」的興味，凡「事件發生的地點」與「讀者」間的距離愈近，則新聞對於讀者的關心與興味愈大。讀者欲知自已的「生活圈」內所發生的事件，較之「生活圈」外所發生的事件爲甚。例如有盜竊隣家，一物未得卽逃走，較之大盜成羣，搶竊海外某國銀行，更能刺激讀者；也更能使讀者感覺興趣。近距離的事件，能夠直接影響自已的生命，財產，幸福，卽是影響讀者的生活。所以距離的接近性爲「新聞」的一種主要成分。下面列舉遠近兩種距離的新聞，借以說明其新聞價值。

生活圈內的新聞（上海）

（1）繼任上海市長人選，以吳鐵城氏最有希望。

(2)昨日地震的震源地在眞茹。

(3)本日午後八時自上海北站開出某班火車在龍華忽然出軌，傷二人。

(4)本日正午南京路某大公司失火，幸未燎原。

生活圈外的新聞

(1)、紐約市長已决定約翰斯密司氏繼任。

(2)加利福尼亞州地震，損失約四百萬元。

(3)法國某地火車互撞，傷十餘人。

(4)愛爾蘭某地大火，延燒數百戶。

(說明)(1)上海市長人選未决定。紐約市長則已决定，已决定當然較之未决定容易引人注意，但讀者對於上海市長的消息興味較多，此何故歟。

(2)上海附近發生地震，但無損害，加利福尼亞州大震，損失甚巨，但讀者對於上海附近的地震更其注意，此何故歟。

(3)龍華火車出軌，受傷者只有二人，法國某地火車互撞傷者十餘人，但讀者對於上海附近的火車出軌，更其注意，此何故歟。

(4)上海某大公司失火，並未成災，愛文蘭某地大火，延燒數百戶，但讀者對於某大公司的失火，更其注意，此何故歟。

上列四例的原因，就是新聞的距離接近性的原故。這些事件和我們的生活，生命，財產。幸福直接發生關係，所以引起讀者的特別注意。

(例)生活圈內的新聞

馬可尼夫婦今晨返國

昨晨參觀眞茹國際無線電台

午應意使宴晚應太平洋會宴

今晨登意輪康脫盧梭號返意

無線電發明家馬可尼勳爵夫婦，此次來滬，我政界及學術界，均熱烈歡迎，而在滬意國政商，亦竭誠招待。昨日馬氏應國際電信局之邀請，曾於上午往眞茹參觀國際無線電台，並於近午，赴意國公使宴會，晚又應汎太平洋會之宴，當晚登意輪康脫廬梭輪返國，茲將各情分誌於後。

參觀電台　馬氏夫婦，此次到滬，國際電信局，早奉交部電令，竭誠招待，並請參觀國際無線電台。該局溫毓慶局長，嘗於日前去函邀約，祇以馬氏到滬後，微有不適，故曾函辭，在旅邸休息。昨日馬氏健康恢復，乃偕其夫人及意公使鮑斯克利，由國際電訊局長溫毓慶，交部電政司長顏任光，伴同於十一時許乘坐汽車，往眞茹參觀國際無電台。該處現正裝置無綫電機、其機件全係馬可尼公司出品，故馬氏對之甚爲欣喜，惟以正午有意使之宴，故巡視一週，旋卽合攝一影，卽行返滬。

茶會送別　昨日午刻，意使鮑斯克利，設席歡宴馬氏，到各國外交人員甚衆，濟濟一堂，盛極一時。下午六時，馬可尼公司總經理列艮燕恭請馬氏夫婦，在華懋八樓茶會。來賓到者，意公使及領事夫婦，顏司長夫婦，溫局長夫婦，虞洽卿，王孝賚，方子衞夫婦，西門子洋行經理徐君，徐學禹，亞玻西愛勝利公司經理裘君，丁佐成，曹仲淵，俞汝鑫，由該公司工程師麥龍古稱德維氏及哈特氏等殷勤招待，馬氏夫婦七時許告別，來賓等至八時始散。

聯合餞行　太平洋聯會，在利查飯店設宴，爲馬氏餞行。八時十五分馬氏夫婦，偕意公使夫婦卽到。主席孔祥熙殷勤招待。來賓到者，爲王正廷，意總領事夫婦，顧問拉凡那夫婦及拉小姐，意海軍司令，華爾西牧師夫婦，黎照寰，徐佩璜夫婦，方子衞夫婦，趙晉卿，虞洽卿，何德奎，許建屏夫婦，溫毓慶，顏福光，及英美商會會長等。外賓共三百餘人，八時半相繼入席，奏樂，並由馬可尼公司預設話筒及擴聲器，將席間聲音，用無線電廣播。同時由朱小姐奏鋼琴二曲，衆皆鼓掌，九時許餐畢。

主席致詞　主席孔祥熙起立致辭，先用英語說明歡迎意義，再用國語致歡迎詞。大意謂，本會今日歡迎科學名人馬可尼氏夫婦，同時歡迎新蒞中土之意公使夫婦，盛會巧遇，不勝榮幸。繼稱無線電爲交通之無上利器，馬氏之豐功偉績，實可欽佩。鄙人前在歐洲，曾蒞意國，承莫相招待甚殷，今晚特向意大使表示謝悃。鮑公使爲意國有名外交家，今晚盛會，當祝中意邦交日增密切云云。嗣又自譯英文演講，再介紹前外長王正廷致歡迎詞。「王正廷詞」。王氏起立，略謂，今晚盛會，意義甚深，意大使初蒞中土，即有科學名家馬氏來我國。馬氏於無線電之發明，功績昭著，裨益人類，超過其他一切事業。人類彼此認識，全賴交通，交通以精神交通爲重要，無線電能溝通精神交通，使彼此格外認識，避免爭論，消戰爭於無形，將來世界大同，實利賴之。願各國世界文明國家，能善用之，不以無線電爲互相攻訐之工具，人類均蒙其福利，不獨馬氏爲之欣幸也。古時意人馬可波羅，持節來遊中國，甚可紀念。今意使暨馬氏之來華，本聯會以聯絡國際間感情之本意，表示歡迎，逆睹中意二國邦交之密切，當與時俱增云云。衆皆鼓掌。

意使答詞　旋意公使鮑斯克利起立，用英語說明謝意，並謂，鄙人不諳中語，祇得用本國語講話，大意謂，今晚與此盛會，榮幸之至，無線電能溝通國際間邦交，誠如主席及王博士所言。馬氏爲意人，承諸位殷勤招待，敬代表敝國致謝。至鄙人來貴國使節，尙望在座諸君，有以敎之，云云。繼由主席請全體肅立，請馬氏演講無線電。

馬氏答詞　馬氏起立，用英語演講。大意謂，鄙人不敏，不能說貴國話。貴國言語聲音頗爲悅耳。茲擬用英語，同諸位講幾句。至講無線電，一以時間太短，一以鄙人稍有寒疾，不能如願以償。我祇能告訴諸位，此次鄙人夫婦來貴國，到處承貴國人士歡迎，感激萬分。尤以主席及各位，對鄙人推功之處，實不敢當。貴國地大民衆，無線電實最有用處。望貴國人士，深明此意。聯絡民衆，交換情感，可造成一强大無匹之國家。鄙人此來，爲時甚促，所到各處，不過貴國之一小部分。貴國人士，和藹可親，鄙人所知，於貴國已萬分敬慕。深願來日能有機會，重造貴邦，多多認識。此來唔及貴國無線電工程師幾位，都是鄙人在歐美時老友，學識淵博，欽佩之至。今晨前往參觀此間附近正在建築之貴國國際電台，晤及歐洲專家，盛稱中國工程師之聰明才智，無人能與比擬，鄙人深爲欽仰。從此知貴國來日科學發展，正無限量也，云云。座皆大鼓掌。

珍重惜別　末由主席全體舉杯起立，爲馬氏敬。又稱，馬氏今晚之演講，實太縮短，吾人亦不應相强。鄙意過幾時，我們可以在無線電中，再聽馬氏由羅馬發來之偉論云云。散席已鳴鐘十下，賓主盡歡而散。

昨晚登輪　馬氏夫婦來滬時，卽定乘意輪康脫盧棱輪離滬返意。該輪於今晨（一九三三十二月十二日）三時半啓椗，故馬氏夫婦，偕同秘書維馬可尼，於今晨一時許，在外灘碼頭登輪。意使鮑斯克利及領事尼龍等，均到埠歡送。

右例說明意大利科學家馬可尼氏，新近來華，我國人士歡迎的盛况。馬氏爲發明無線電的偉人，造福人類，良非淺鮮。最近來到上海，報紙對於他的行蹤詳細記載，就是因爲馬可尼此人，對於讀者的生活有最大影響最大興趣之故。（右例採自申報，其採訪之周詳，記叙之完密，與文字之淸麗，實爲國內報紙上所少見者）。

（三）新聞的顯著性　看報的人雖然想知道一些向所未聞的事物，可是如果報紙上能夠登載讀者所知道的人物，場所，或事物，則此種新聞的反響甚大，故新聞價値較高。新聞記事裏面的人物，多選擇國內有地位的或與社會有關係的人，就是因爲此種人物國人對之較爲注意的原故。單是「張三開米店」，「李四業汽車夫」，此外別無其他事故，均不能作爲新聞，因爲張三李四沒有顯著性。

實用新聞學

謝六逸編

（例一）顯著的人物

宋子文赴歐

已離華盛頓搭輪赴英

願對美切實合作

（路透電）中國財長宋子文離別美京時，國務卿胡爾曾往送行，宋氏取道紐約，轉赴歐洲，出席世界經濟會議。又宋子文懇切表示，對於羅斯福總統恢復世界經濟繁榮之努力，願與竭誠合作。

（例二）顯著的場所

日軍飛機昨又偵察北平

（北平特訊）日軍日飛機曾數度來平偵察我後方情形，昨晨偵察機一架，又由北平東北方面飛來，九時十分發現於城內上空，飛行較歷次爲低，然亦達二千尺以上，在中南海一帶先盤旋數分鐘之久，飛向前門南苑一帶，旋折回仍在城中往來飛行。當時我城內駐軍向空中開射高射砲機關鎗多發，迄十時二十分，該機北飛，在北苑偵察良久，約十一時許又折回齊化門一帶，在東城空中飛行少頃，卽離平他去。當機來時，東城一帶我駐軍施放高射砲時，一彈落於東單牌樓水磨胡同東闢市口北頭義記自行車行門前，落地爆炸，該舖舖掌黃海榮，適在門前張望，當將左胳膊及腿部炸傷，行人亦有二人炸傷，事後經由內一區警察將黃送至協和醫院救治。又米市大街落彈一枚，一名丁保貴者，被炸傷甚重，亦送協和醫治。此外騾馬市大街河南同鄉會有槍彈斜擦屋瓦入室內，損壞玻璃等物。據某軍事機關發表，昨晨到市之飛機，確係日軍偵察機。據用望遠鏡查視，見機內共坐三人，並有一人向下攝影。據推測該機之來，係因各路我軍均已撤至最後防線，特來偵察我後方之佈置情形，並在懷柔方面曾擲下炸彈，但並無重大損害。又昨日日機來平，先後約共三次，高射砲彈落地炸傷市民五人。

（例三）顯著的事物

天津便衣隊開鎗擾亂

（天津特訊）自昨晚七時起，便衣暴徒即漸漸由某租界向華界活動，至九時餘，便衣暴徒即向西廣開及八里台兩路竄來。沿途鳴槍亂射。至十二時許，槍聲砲聲迭起，頓令全市空氣加倍緊張。至今晨零時卅分，八里台南開大學附近即發現便衣漢奸約五六十人，開始鳴槍擾亂，間有手溜彈聲，幸我方早有警備。八里台一帶我保安隊鎮定應付，從容彈壓。漢奸見我有備，皆逡巡不敢前。至今晨二時止，仍有斷續之槍聲，想係漢奸便衣隊既不得逞，特借此以遂其擾亂人心之企圖。至西廣開方面之漢奸，亦因我保安隊警戒嚴密，至今晨二時，已廢然窟回。聞駐南開大學前之保安隊有十七人，被暴徒綁走。又昨晚十時四十分，南市某戲院門前亦發現炸彈，幸未爆發，南市有人拾得便衣隊遺失之手槍數枝。…………

（四）異常性　人皆有好奇心，故對於異常事件的發生極感興趣。大都會的新聞紙常登載特異的新聞，此種新聞雖無何等社會的意義，但因人類有好奇的欲望，所以也被登載了。其實如「怪胎」「貓三足」等類的消息，不過浪費紙面，以滿足讀者的好奇心而已。我們應該用別的有意義的新聞——例如「新發明」，「自然界的驚異」，「特異的冒險」一類的記載，代替那些無聊的，眞僞莫辨的低級記事。

（例一）不沉快艇

飛機轟炸不破

試驗成績美滿

（倫敦十五日路透電）每日電聞今日第一次發表，不沉快艇疾駛於北海，當作轟炸飛機隊轟擊之目標。艇長四十呎，每小時速率達三十哩。飛機隊追逐擊之，已練成驚人之技能。每艇載海員三人，載護耳具鋼盔健及防毒氣之面罩。此外衣着甚微。彼等伏於保不破裂之掩蔽物下，駕艇飛駛，而飛機則在一千五百呎之高度擲下炸彈。有時彈竟擲中，而掩蔽物仍完整無損。所苦者，彈之碎片擊中無保護之木部，貫穿而過，則艇中海員須泗水補塞洞隙。此項試驗，祕密行之，已逾一年云。

（例二）青島海面之

海市蜃樓

昨午發現歷三小時

（青島二十二日下午七時發專電）二十二日午前十一時許，距前海海岸約三十里之海面，忽發現海市蜃樓，一時轟傳全市，往觀者如赴盛會。因其狀爲橫方形，故遙望如樓房，大小共四座。小者漸行幻滅，恢復小島原狀，而大者仍變幻無定。記者往觀，乃船行至中途，其幻形均渺然，始悉係連日陰雨，乍晴後竹岔島上之氣體變化，故愈遠其幻形愈大，至午後二時許始全消滅，所奇者爲靑市未有之發現耳。

（例三）希特勒

獎勵結婚成效已著

柏林有萬人向註册處借款

（柏林）希特勒政府近爲鼓勵靑年男女結婚起見，曾頒佈命令，凡結婚之男女，得向政府借貸，以充購買家具等物之用。此項計劃今已收效。柏林一地已有一萬人向註册處申請借款，如願以償者五千人，被駁斥者八百四十七人，其餘尙在考慮中。凡未婚夫婦得合借六百馬克。（二十二日路透社電）

（五）進展性　事件的進行（Progress）常能引起讀者的興味。塞爾維亞的一青年在莎拉耶奥刺殺墺國皇儲，此一新聞，在世界各國，並不算如何重大。直到刺殺的事實，被大衆知道與其他既往之事有關係，則世界人士就注意到以後的國際風雲如何轉變，歐洲的運命將至如何地步。在莎拉耶奥打出的一粒彈丸，其所釀成的「事件的進展」，較之「暗殺」一事，更吸引讀者的注意，使人朝夕等候續報。莎拉耶奥事件如果只此終局，不過純爲一種暗殺新聞。但此事件日愈擴大，富有進展性，故成爲千古的重要新聞。

（例）日軍仍進迫形勢危急

通州郊外昨有激戰城內起火

北平軍政當局討論應付辦法

（今日三時北平電話）關於北平安全問題，截至昨午，本已絕望，惟昨日下午轉見鬆動，預料今日將更有所接洽，前途如何，將於今日決之。

（北平電話）我軍連日後撤，日軍追進，軍事緊張。我方決定各部隊在相當地點內日軍如再進逼，即行抵抗。至於和平傳說，截至昨日止，殆已絕望，外傳正接洽進行說不確。

（北平電話）軍訊，我軍撤守三河白以後，日軍繼續進逼，冀達其佔領平津擴大軍事之目的。由三河前進之日軍，隔白河向對岸我軍猛烈砲擊，發砲數百發，蘆台日軍亦積極進逼，前方形勢極爲嚴重

（六）趣味性（或作情操性Human Intlerest）趣味性來自感情的反射（Return-Sentiment）人類所有的微妙的感情，在人與人之間，人與動物，人與其他生物之間發露出來。遇事常受「感動」，寄與「同情」。新聞記事之具有情操性者實多，讀報時常能得見。不過因內容之不同，而有濃厚的差別。試讀左例，讀者的心中必起感情的反應。

實用新聞學

謝六逸編

（例一）閘北大洋橋

草棚百餘間盡成灰燼

——與前年冬間大火慘狀彷彿——

小兒私烤麵餅竟成鉅災

無家者數百人爲狀極慘

（例二）遼甯自衞軍司令

李春潤殉國之壯烈

年餘以來迭挫敵勢之兒僋
塔溝之役受傷以不治濟逝

新聞的情操性大別爲九種。卽（一）兩性，（二）動物，（三）兒童，（四）自殺與情死，（五）勝負競爭，（六）爭鬥，（七）生命危險，（八）英雄崇拜，（九）冒險等是。此種區分，並未完全，不過例舉其常見者而已。

（一）兩性　在目前的畸形社會裏，關於「女性」或「兩性」間的新聞，很受世俗的歡迎，致令新聞紙上不得不登載此類記事，眞是無可如何的事。例如「某要人的女祕書乘飛機赴某處」一條新聞，用「專電」刊載出來，其實並無下文，對於國家大事毫無影響。不過女性向來在我國是「弱者」一流，現在居然能乘飛機，可說，「咄咄怪事」；又祕書爲女性，亦覺奇異，故不惜拍專電報告報館。此雖屬新聞記者的「低能」，但亦爲世俗之所需要，無怪其然。至於「兩性」的糾葛，在大都市（例如上海）則視爲席上珍品，不惜繪聲繪影，以痛快發揮爲能。但不足爲法，實應大加改善。

（例一）少婦犧牲於花會

（例二）兩舞女訟案判决

（例三）老翁强姦幼女

（例四）漁色之徒

竟遇仙人跳

無賴之徒巧使美人計

鄉曲之輩已吃眼前虧

蘇州人趙××，年近不惑，好色性成。其經濟能力，尙非薄弱，買笑不乏無金，故凡韓莊娼寮，輒有其遊踪。惟舉動頗類鄉曲，致每易遭人玩弄。有張姓者，知趙甚稔，乃於本月十四日，特設一美人計，在外布置周妥之後，始往貴州路××藥房樓上趙之寓所，約趙出遊，謂有麗姝劉秀英，芳信年華，羞花容貌，雖屬出自良家，不難勾引而得。君苟有意，當不辭介紹之勞。趙素重耳食，而是語又適投其好，遂不遑審度利害，摒擋資斧，隨張問桃源之津。比至途中，突見一少婦亭亭玉立，若有所待。張卽指婦謂趙曰，此豸是矣。其實婦雖少艾，而貌則僅中姿。但趙經該婦秋波幾轉，早已色授魂與，視爲天仙。當時仍由張爲嚮導，同赴浙江路××旅館闢一密室，以便暢敍幽情。時張之任務已終，彼卽別去。趙與該婦亦緊閉雙扉，正擬×××，有所作爲。霎那間突有壯漢五名，破扉闖入，其勢洶洶，爲首之無錫人劉××，自稱爲秀英之夫，指趙誘姦有夫之婦，其餘劉××，陳××，張××，朱××等四名，則皆隨聲附和，或舉手掌趙頰，或舉足蹴之，趙既寡不敵衆，惟有委婉哀求。劉等痛毆之後，復將趙所穿長袍一件，連同衣袋內鈔洋二十二元，一併刼奪，因猶嫌款項太菲，乃決強趙往某處談判，甫離該旅館，爲老閘捕房探目金××撞見，詢明原委，一併帶回捕房⋯⋯⋯（下略，申報本市新聞）

（二）動物　生存於人類生活圈內的動物，都是性情溫和的禽獸，人類與之友好，可使生活增加快樂與滋潤。如貓，犬，小鳥，牛，馬，羊等都是可愛的，他們的存在，對於人生實有重大的意義。他們的死亡，負傷，或發生其他變故，令人發生無限同情。

（例一）縣農教館

五屆耕牛賽昨日給奬

至發起組織耕牛研究會

定本月廿七日開籌備會

上海縣農民教育館第五次耕牛比賽，業已結束。各界惠贈獎品，計有銀盾立軸及家用器具，農作用具等，爲數頗多，經獎品支配委員會訂定獎品支配標準，昨日下午一時在該館演講所舉行給獎典禮，到農民某某等五十餘人。主席張×，記錄張××，行禮如儀。主席報告本屆耕牛比賽經過情形，獎品種類，及評判結果，卽發給獎品，得品名單如下。（一）龍頭類（農主姓名略），（二）齒類（略），（三）四齒類（姓名略），（四）六齒類（略），（五）滿口類（略），（六）去勢牛類（略），（六）公牛類（略），（七）水牛類（略）等。給獎畢，卽演講耕牛改進方法，末呼口號而散。該館爲研究耕牛鑑別及飼畜起見，組織耕牛研究會。自卽日起徵求會員，定本月廿七日召集籌備會。

（例二）馬戲班小馬絕食殉主

×××馬戲團克來白君，上星期二以糖尿症卒於××醫院，具見以前本報。其愛馬無日不候其主之歸來，卒至絕食。雖班中人强之食，而瘦削日甚，乃擕往獸醫院就醫，略無效果。數日不食不眠，卒於昨晨死於院中，隨其至友於地下。該馬爲馬戲團中二十四頭小馬之一，雖非最小，但爲最靈敏者則無疑。克來白君與小馬結友好於東京，今則相隨於地下，其美滿之友誼將相繼於無既歟。

(三)兒童　兒童的消息也能引起情操性。尤其是關於母性愛的消息。這一類的消息在國內報紙並不多見。

(例一)太原兒童健美賽會

看看誰美　比比誰肥

(太原通信)本市婦女三育協進會，與青年會爲提倡兒童健康，發展民族精神起見，特於本月十八日起舉行太原市兒童健康美大會，會期三日，並請閻××夫婦担任正副會長。共分二組，甲組以六個月至二十四個月；乙組以二十五個月至四十八個月爲限。賽法，以全體參加比賽兒童編號，輪流請大夫檢查之，選出其較健美者若干名，再經大會評判部審查最優者，每組計選十名，前三名各予以紀念奬品。報名時並收報名費二角，額數以每組百五十名爲限。更定二日下午舉行閉幕典禮。發給紀念奬品云。

(例二)全市童子軍　昨日露營今日檢閱

全市童子軍第五次大檢閱及大露營，已於昨日開始舉行。各團男女童軍，紛紛向市中心區開發，至昨日下午五時，已達三千人，江灣路上，銳喉高歌，終日未息。各團童軍達到營地，卽向指定幕區紮營。至下午六時，市府新廈前，已成白色一片。聲勢赫赫，英武氣慨，不亞行軍。晚七時半舉行團長會議，報告暨討論檢閱及露營各項注意事項五時半並舉行檢閱處營評判委員會第一次會議，地點在市童軍理事會。今晨十時參加總理銅像揭幕禮後，舉行大檢閱童子軍司會部。(下略)

(四)自殺與情死　自殺與情死的起因多爲迫切的事情所致。如失戀，厭世，生活，困難，病苦的結果，均屬此類。

(例一)秦銀狗窮困自殺

崇明人秦銀狗，四十五歲，家居滬北虹鎮吳家浜草棚四十五號，以種菜圃爲生。家有老母妻子胞兄及十三歲女孩，一十歲男孩，一家六口，全恃種菜，實屬不敷，以致日坐愁城，一籌莫展。遂萌厭世之念。前晨七時，伊妻秦張氏，尙未起身，而銀狗獨自一人，在外面空屋內懸梁吊死，迨其妻起身發覺，撫之已冷。當經哄傳鄰里，爲崗警聞悉，立卽報告五區三所駐所請奪。經林巡官親自前往調查，詢據屍妻秦張氏稱，伊夫並無嫌怨，但其吊死原因，不外一家數口，無錢買米，回家做飯，不能過活，想必一時怨憤吊死等語。當卽回所呈報總所，轉報市公安局核辦。

情死記事的例從略。

（五）勝負的競爭　運動，賽馬，選舉，圍棋，其他競技，均屬此類。其中以「運動記事」最受讀者歡迎，因含有鼓吹崇拜英雄，注重健康，讚美青春之意。上海各報，對於運動記事（即體育新聞），甚爲注重，實可欣慰的事。

（例）優游擊敗臘克斯

東華戰勝華塞斯

優游先負四球五比四反敗爲勝

華塞斯十人應戰東華二比一勝

今日暨南戰英海軍在棒球場

昨日棒球場上，有優游與臘克斯之比賽，上半時優游在逆風地位，行軍不利，臘克斯狐假虎威，氣焰萬丈，半小時內，優游竟連失四球，令人心驚膽慄，以爲必敗無疑，詎意優游奮發有爲，扳回一球後，下半時乘風破浪，銳氣大盛，獲一而再，連中四球，結果以五比四反憂爲喜，轉敗爲勝焉。至於逸園東華與華寒斯陸軍之比賽，事前以爲東華李義臣赴港，關洵安不能出場，以華寒斯之雄威，戰勝昨日之東華，似在意料之中。豈知大不爲然，華寒斯於開首一分鐘內獲得一球後，右前衞忽以傷脚退場，從此祇十人應戰，後防時露空虛，遂被東華曹秋亭連中兩球，得最後勝利，可謂鴻運高照矣。今日暨南戰英海軍於棒球場，海軍由康脫出場，甚兇，暨南必須小心。中華會共有八場比賽，詳情分誌如下。（下略）

（六）爭鬥　此類記載有進展性，亦有戲劇的要素，有時表露「英雄本色」，能感動讀者。

大廈谷之爭

巴拉圭軍隊獲大捷
民衆歡舞慶祝如狂

玻軍十三團被俘繳械

年半戰禍或可告結束

阿眞廷發起南美各國訂不侵約

阿森申　今夜巴拉圭全國人民歡欣鼓舞，慶祝大廈谷巴軍空前大捷，加以拉巴茲電告玻璃維亞召集後備兵消息，益令巴人深信陸軍部捷報之非誇，愈增其歡迎，各報館門首公告板前，羣衆麕集，日夜不散，全市商業幾同休輟，自午至暮夜，如狂如醉之民衆結隊游行街衢間，慶祝此空前大捷，巴拉圭總統阿耶拉，昨日乘飛機往前綫，親覩被圍玻軍十三團繳械受俘，今日下午回京時，城外飛行場內已聚集人民數萬，皆欲聆總統之捷音，於是總統當衆宣布共俘獲玻軍將卒八千九百五十名，全場歡聲雷動，按昨日最初報告，僅俘一千五百人，迄今日清晨陸軍部發表，敵軍投降者共十三團之衆，計八千二百五十名，今巴統總宣布又增七百人，以彈丸小邑之巴拉圭獲此奇捷，詢屬建國以來第一次，反之在玻璃維亞，亦可謂空前慘敗，故據未徵實消息，玻政府已有將請主持參謀部之德顧問龔德將軍辭職之說，現戰事仍在繼續中，巴軍正圖鞏固新得陣地云。（十二日國民電）

拉巴茲　玻璃維亞政府今日下令召集一九一七年級至一九二〇年級後備兵，增援大廈谷，據玻陸軍部宣稱，玻軍被圍者雖有十三團，但多數潰圍而出，巴拉圭所稱俘獲八千九百五十人之說，係屬誇言。（十二日國民電）

巴拉圭京城　今夜巴拉圭京城慶祝巴拉圭在大廈谷森林地之勝利，聞玻璃維亞兵士降者一萬三千人，許多大砲坦克車及子彈數百萬發，均被巴軍奪獲，衆料經此決戰，兩國間五十年來之爭執，可從此解決，查此戰事，歷時十八個月，在最初一年中，雙方互有勝負，據玻璃維亞言，巴拉圭首先襲擊某砲台，致起戰禍，至去年八月底始正式宣戰，巴拉圭當時立即徵發軍隊一萬九千人，大舉進攻，而玻璃維亞則因道路不良，且甚迂曲，計長千哩，戰地與接應地之距離倍於巴拉圭，致在三個月內陸續被迫退守，戰後五個月內，巴拉圭之攻勢始止，其軍隊死傷不少，此後玻璃維亞乘巴拉圭不備，在雨季中反攻，奪得巴拉圭砲台六座，並奪回已失之玻璃維亞砲台八座，，至是戰事趨於沉寂，僅有砲戰，今據戰訊，則玻璃維亞軍隊卒不能支持，勝利終歸巴拉圭矣，估計大廈谷戰地前後死者不下萬人，傷者猶不止此。（十二日路透電）

阿根廷京城　外長薩魏特拉發起由拉丁美洲各國簽訂互不侵犯公約，頃洪都拉斯，委內瑞拉，及尼加拉圭三國均表示贊成。（十三日哈瓦斯電）

（七）生命的危險　人命危殆的事，最能打動人心，故情操性亦富。如行路受傷，飛機墮毀，均屬此類。

（例）西京日報社長

邱元武遭暗殺

汪電楊邵嚴緝兇手

西安　西京日報社社長邱元武君，前奉中央命令，於本年三月來此創辦報社，九月於茲，對工作努力，不遺餘力，至遭反動份子之嫉妬，迭次恫嚇，邱君以身許國，抱大無畏精神，繼續奮鬥，不因稍懈，二十一日晚因赴小車家巷友人約，七時許返社工作，甫出大門，即遭暴徒五六人分持匣槍利刃迎面轟擊，開槍竟達十餘響，邱君身受二槍二刀，頭部一槍一刀，胸部一刀，腹部一槍，當時斃命，本市新聞界驟聞噩耗，決集議向當局請願嚴緝兇犯，並對新聞界予以切實保障。按邱年二十六歲，安徽全椒人，畢業於中山學院，歷任青島特別市黨委，內蒙黨務指委，安徽湖北省黨委，對於辦理黨務，成

績卓著，深爲中央嘉許，今竟遭不測，上有老母，下遺一妻兩子，長年五歲，幼僅三歲，身後蕭案，殊深淒慘。（二十一日中央社電）

（八）英雄崇拜　崇拜別人的技能地位，權力，財富是現社會中極普遍的趨勢。對於偉人，英雄的行爲，更深注意。著名的科學家，探險家，飛行家，民族的鬥士，報紙作記載他們的勞績，以滿足讀者的愰慕心理。

（例）探測大西洋航線告竣

林白伉儷歸巢

飛越兩半球遍歷三大洲

計程二萬八千英里

美國弗羅利達州米亞米城　美著名飛行家林白上校伉儷，本日下午一時零五分，由中美洲多明果國瑪利斯城飛抵此間，長距離航空科學試驗飛行現已終結，林氏夫婦飛越兩半球，經過三大洲，計程二萬八千英哩，開始飛行之日爲本年七月九日，飛行之準確，令人贊嘆，實爲航空試驗之偉舉，自有此舉以後，吾人希望在不久將來，各洲間之飛行將日見頻仍，林白夫婦雖不欲使人宣布其飛到時間，並力求避免各種正式歡迎，然其飛到之時，民衆歡迎者仍非常熱烈，惟新聞記者與攝影者之要求，則極力謝絕，下機之後，經過海關及移民局各種手續之後，即乘汽車而去，其去向不得而知。（十六日哈瓦斯電）

林白伉儷由歐返美

拉巴瑪　林白大佐夫婦已於今日下午四時抵此間，當飛過芬查爾時，因天氣惡劣，

未曾降落，按林氏係自歐洲經由阿速爾與卡那尼等羣島而返美國云。（二十四日國民電）

（九）冒險　一般人所不能從事的工作，少數人不避艱難苦困，努力完成，興味之濃，自不殆言。南北極探險，登山，科學試險的冒險類皆屬之。

南極科學探險

杜恩亭（紐絲綸）　今後數月內，將有兩探險隊，企圖發見南極大陸之奧祕，其第一隊業於今晨自此間乘輪出發，將往鯨魚灣，勾留三四星期，作最後準備，然後開赴南冰洋。其隊長爲艾爾斯沃斯中校，隊員中有挪威駕駛員巴慶，卽蒯偕袤特駕機飛過南極者也。該隊目的，在完全飛過南極大陸自天空攝取地形，開探險界之新紀錄，預定明年三月竣事而返。另一探險隊，由袤特少將率領，不日卽將抵此，亦將往南極大陸，唯袤特一隊側重科學測量，將留居兩年，與艾爾斯沃斯之注重發見與探險者性質略異云。

（五日國民電）

以上爲新聞的六種要素，新聞記者可以用來估定新聞價值。下圖假擬六項新聞事項，借以比較此六種新聞的要素。

(1)日本退出國際聯盟。

(2)美國選舉電影皇后，×××當選。

(3)煤礦工人在工作中被埋在坑內。

(4)市長被刺。

(5)男女情死。

(6)市政府新築落成。

圖內一、二、三、四、五、六爲新聞的六種要素。（卽時間性等）

圖內1・2・3・4・5・6爲新聞的種類。(卽「日本退出國際聯盟」等。)

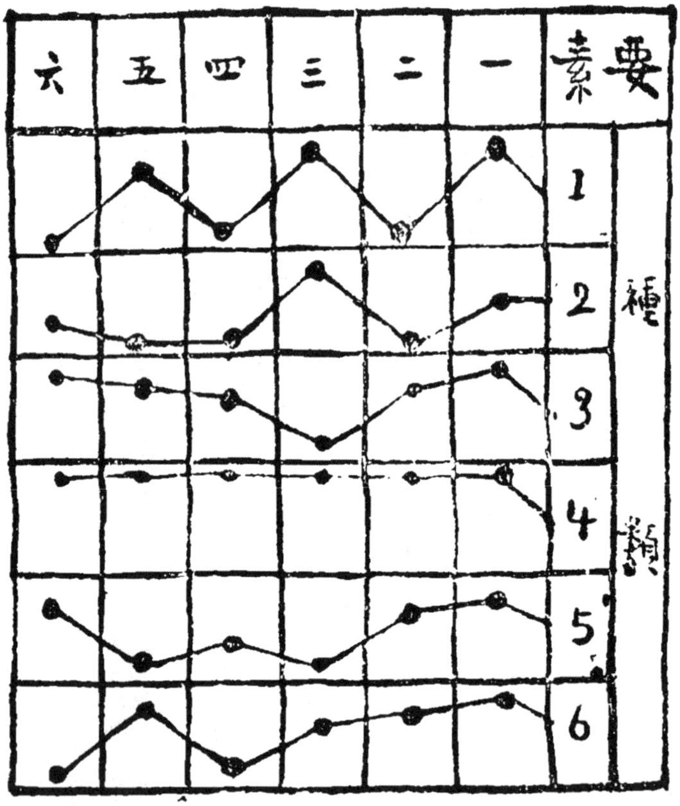

(說明)圖內黑點居上者，表示此種新聞之某種要素甚多。黑點居下者反是。圖內之距離性(卽二)，以上海爲中心。

問　題：

本章所講的各種新聞要素閱報時須加以注意。試在報紙上尋出同樣的例，剪貼於自已的貼報薄上面，並各鈔錄一份寄來。

實用新聞學

謝六逸編

第八章　新聞記事的分析

新聞記事（News Story）的內容爲各種知識的報道，包羅宇宙、社會的現象、變化、發生、進展。它的形式，千差萬別，沒有一定。爲研究便利起見，本章將新聞記事作分析的研究。借作編輯新聞的準備。

新聞記事可以分爲兩種形式：（一）爲平面式，（二）爲立體式。分述如左，並引用實例說明。

（甲）「平面式」，卽橫的區分，根據新聞記事材料的種類，而加以區別。新聞記事包含的材料雖極複雜，但可分爲下列七種：（一）政治記事，（二）外交記事，（三）經濟記事，（四）社會記事，（五）運動記事，（六）家庭婦女記事，（七）學藝記事等。以下逐項加以簡單的說明。

（一）政治記事　包含中央政府，各省，各都市的行政、司法、立法，以及黨部的消息。城市鎭的自治團體亦屬之。

（例）中常會推汪爲

四全會開會式主席

電請胡馮等晉京出席

【南京】中央十八日晨開一零六次常會，到常委汪兆銘、葉楚傖、居正、孫科、及委員邵元冲、王正廷、朱霽青等三十一人。葉楚傖主席。決議：（一）第四次全體會議開會式，推汪兆銘主席並致詞，（二）嘉獎討逆海陸空各軍將士，（三）中央執行委員會楊樹莊因病故出缺，遵照總章規定，以候補執行委員傅汝霖遞補，（四）選任李文範爲國民政府委員，（五）推戴　賢出席下星期一中央紀念週報告，（六）其他例案。（十八日中央社電）

【南京】四中全會已決定準期舉行，昨經中央祕書處分別電促外埠各委員，卽日來京，參與會議。聞在京各常務委員，以閩變雖告一段落，而外侮內患，在在堪虞，非集中羣力，共策進行，不足以當大事。頃復由汪兆銘、蔣中正、陳果夫、居正、孫科、于右任、顧孟餘、葉楚傖諸常委電致胡漢民、馮玉祥、閻錫山、趙戴文、劉守中及在滬各中委等，略謂，四中全會決於二十日舉行，業經中央分別電達在案，值此外侮侵迫日甚，內憂瘡痍未復，切望我中央同人，共集首都，討議新猷，俾國基得固，民族昭蘇，是所至禱等語。（十八日中央社電）

【南京】四中全會定二十日上午九時行開幕典禮後，即舉行預備會，推定主席團人選及大會秘書長等。會後全體謁陵，午在勵志社聚餐。二十一日為星期日，擬舉行會議，由各委互相交換意見，二十二起開正式會。各方提案已收到二十餘件，正由秘書處整理中。（十八日申報專電）

（附記）右列三電，第一電訊為推定四全會開會式主席，第二電訊為電請胡馮等晉京出席，第三電訊為會期及收到各方提案。此為四全會開會以前的重要記事，其性質爲「撮取大要」。在「撮要」之後，尙有「中常會昨決定提案」，「全會出席中委人數」，「四中全會開會程序」，「蔣委員長　返京出席」，「各地中委紛紛晉京」，「出席公費定二百元」，「整理欠賦將有提案」，「改革案無對人意味」，「林主席或將蟬聯」，「財部撥發全會經費」，「軍參院擬國防計畫」，「王法勤談大會前途」，「憲法草案不及提出」等十三項分題。凡與四全會開會有關係的電訊均編於「撮要」之後，可謂詳盡。因篇幅從長，均從略。

(二)外交記事　包含一切與「國交」有關係的記載。所謂「國交」者，卽「中國與外國」、「外國與外國」的相互關係之意，但以「公的性質」爲決定的標準。如屬於「私的性質」，例如「美國林伯大佐愛兒失蹤」一類的消息，雖發生於國外，卽非外交記事，應屬於普通的社會記事。因此事只與個人有利害關係，與國交毫無關係之故。

(例一)歐洲戰爭恐慌

法國對德疑慮

公約未成不能裁軍

參院表决信任政府

【巴黎】參院今日辯論外交事務，曾討論戰爭之可能性，但非在太平洋而在歐洲本身。總理旭丹𧹞，當各國正在重整軍備之際，法國斷不能裁減其陸軍，減少軍備，僅能在將來訂定公約後實行之云。發言者數人表示信念，謂他日德國如事侵略，英國必出援法國，如一九一四年然。旭丹聲明法國陸軍决不減少後，參院遂以大多數通過信任政府案，共投二百五十七票，反對者僅三票耳。（十八日路透電）

【巴黎】參議院討論外交問題質問案業已終結，外交委員會主席貝朗熱提出動議，主張忠守國聯會盟約及羅卡洛條約，並信任政府，俾能在國聯範圍以內，從事和平建設，使法國與各國國交趨於親善，並鞏固國防及安全。此項動議以二五七票對三票之多數通過。

（十八日國民電）

（二）秦德純訪柴山

交涉察東事件

質問日偽軍進擾趙家屯事
日方諉稱係出於剿匪誤會

【北平】黑河訊、日偽軍十六日進攻龍門所趙家屯，因當地張人傑等三師，沉着應付，固守陣地，日偽軍知有準備，復退黑河。宋因日偽此種擾亂行動，足以影響察省治安，特電秦德純與日方交涉。秦今日下午赴日使館訪柴山武官，向柴聲明，龍門所、趙家屯均在長城綫以西，龍門所距長城十五里，日偽軍此次進擾趙家屯，顯有越出長城綫行動，希望日方設法防止。柴答稱，此次事件之發生，本人未在平，由根本武官去電承德詢問，現接到承德第八師團長西義一回電，始知係由剿匪發生之誤會。現該方面日軍撤至黑河以東原防，日軍決不向長城以西前進，希望將此意轉達宋哲元。秦郎將晤柴山交涉情形向津宋報告。察東情況，張垣來電報告甚安謐。（十九日申報專電）

（附記）右第一例為法國與德國的國交關係，第二例為我國與日本的外交關係。

（三）經濟記事　包含國內與國外的經濟現象的一切記事，範圍頗為廣泛，約可分為金融（銀行、保險、匯兌），交易（股票、物價、國外貿易），產業（農業、製造工業），運輸交通（鐵道、船舶）以及其他與經濟團體有關的記事。

（例一）英美法商妥穩定匯兌

英美匯價為美金五元

英法匯價七十七佛郎

〔倫敦〕紐約商報載有英磅與美元將以五對一之比率安定之說，此間人士不輕信之。今日倫敦市場中美元有反動之勢。蓋衆信目前向上趨勢，僅為一般人因美國未設立自由金市場而起失望之結果也。預料美元暫時將繼續上漲，因美國資金之流回現方開始也。歐陸購賣美國公債，足見對於美元穩定之信任現漸恢復，美國銀行家預料英鎊不久將恢復其舊時比價，估計美國資金存於倫敦者為十萬萬元。加那大資金存於倫敦者為五萬萬元。有數方面謂佛郎之大批賣出，係倫敦某法人銀行所為，此乃法當道設法阻止佛郎繼漲之表徵。又有人謂佛郎之售出，乃資金由巴黎移往倫敦所致。但消息靈通者謂今晨巴黎之購進英鎊，實因法國某方面以為無論美元如何，英鎊現價未免過低也。（十九日路透電）

實用新聞學

謝六逸編

（例二）第五批

美麥今日到滬

四天內可來五輪

共三萬六七千噸

借款美麥先後裝到上海者共計四批，分載六船，總數約有四萬六千餘噸，現浦江尚在駁卸中。第五批由波特蘭裝來，昨日管理棉麥處接到承載各輪來電，由哈勃羅唐號、紐約號、拿斯君號、梅烈號、等五船裝載者，共計有三萬六七千噸，均已駛過日本，自二十一號起至二十四日止，此四天中，該五輪美麥，悉可運到上海。查此第四第五批美麥，總數達三十六七萬担，亦統已售與各粉廠，惟遲日市價較廉，五船來貨，值國幣二百五十餘萬元，到滬後，仍拋河筒起卸，駁至蘇州河上棧。昨經傳知各粉廠，派船堤卸。查自上月十八日起，至本月二十四日止，先後運來美麥，共有八萬餘噸，占全部美麥三分之一，約值國幣六百萬元（一月二十一日）。

（附記）右第一例屬於金融，第二例屬於產業。

（三）社會記事　凡以個人爲中心釀成的事件，而此事件又含有社會的意義者，名爲社會記事。又城市鎭鄉村的行政、教育、社會、交通事業一類的記載，亦可附屬於社會記事。故社會記事的範圍甚大，從廣義說，凡與人間生活直接有關係的事實（例如慈善團體的活動，家庭的變異，交通事故、火災、等），均可稱爲社會記事；就狹義解釋，則指犯罪新聞，即上海各報記者所稱的「公堂新聞」。（申報的「本市新聞」一欄，即以登載廣狹兩義的社會記事爲主。）

（例一）張福根娶妻

臨婚變卦

迎新娘三日不得
訴詐財首事偵查

龍華路小木橋北沈氏宗祠相近八四八號門牌，住有農民張玉亭，其次子張福根，現已二十三歲。家境稍貧，該地農家女，均不願下嫁。玉亭見乃子年齡長大，急應授室，祇得求諸外鄉之配偶，以了心願。本年正月初旬，由新近相識之孫祥生介紹七寶鎮人阮福源，同作冰人，謂有阮之同族阮友生，亦住七寶，家道殷實，生有一女，小字阿妹，年華十九，標梅待字，堪以相偶。且阿妹頗知閨訓，儉樸無華，美滿良緣，不可錯過。張聞之，喜甚。當卽談議最緊要之財禮金銀等，索價甚奢，嗣經再四斟酌，議定禮金現洋四百元，及金鐲一對，金戒一只，金環一副，手表及銀飾等，合之幾近千金。當以男女均已長大，不宜再遲，故張卽設法湊集其數，全部送去，並擇吉於二月十日完婚。

惟七寶鎮至小木橋相距五六十里，往返不便，議定先一日由坤宅送女到乾宅，翌日即拜堂舉行婚禮，雙方同意。屆期張玉亭在家張燈結綵，宰牲置酒，親朋畢集，酒筵二三十席，喜氣洋洋、頗爲熱鬧。不料守候新娘三日，吉期已過，未見綵輿臨門，臨婚變卦，一場空歡喜，人財兩空，一時傳爲笑柄。張心中憤恨異常，追問媒人，奈坤宅遠在七寶，亦難交代，相率避不見面。迨後查悉新娘，係在婚姻前三日，不知去向。親翁阮友生亦不敢出見。如是再四追究媒人。迄無要領。婚事既不諧，財禮又不歸還，故張父子具狀地方法院刑訴，控告爲虛設婚姻之局，朋串計騙財禮，請求拘究。現正在偵緝中。

（申報）

（例二）唐嘉鵬被暗殺詳情

妻女談預兆疑以傳疑

茶役生齟齬忍之又忍

昨晨一時零五分，大世界游戲場經理唐嘉鵬，被仇人開槍暗殺身死，流彈並擊斃行人一名，各情已誌本報。直至昨日正午，該流彈所斃路人，始由人認明。詳情續誌於下。

唐之經歷　溯自鉅商黃楚九於民十九逝世後，大世界遊戲場，即由黃金榮君接辦，而經理一職，遂由唐嘉鵬君充任。任事以來，對於內部整理，籌畫不遺餘力，故大世界營業之得有今日，唐實與有力焉。唐除任斯職外，復爲敏體尼蔭路桃花宮酒家董事，獨資開設魚行於小東門大街；又任西藏路大中華飯店股東，暨其他副業甚多，並一度任江西四十九軍駐滬要職。

墮下一物　唐鑒於大世界責重事繁，每晚必躬親前往，直至夜深散場後，方始歸寓，每日習以爲常。前晚九時許，唐乘自備之奧司汀汽車（租界號碼五四一五號，市一四一六〇號），由車夫徐阿榮駕駛，循例至大世界辦公。外衫甫卸，而友人孫少卿，王振川，吳徵雨，夏成章，接踵來訪，齊集於經理室中閑談。詎正在談興方濃之際，突由樑上墮下一物。

吉凶辯論　該物大如雞卵，色白而潔，適落於唐臂旁，熟視之，赫然一白鼠也。於是羣相驚疑。當時友人中僉以為老鼠脫脚墜地，事屬不祥，於是均勸唐君凡事留意。惟唐君以此等細微之事，不足介意，且謂渠係屬牛，鼠落牛身，實為吉利之兆，而友人等亦即亂以他語，且談且笑，不覺已子夜十二時矣。

槍聲大作　至十二時五十分，已屆大世界散場規定時間，愛多亞路轉角，萬頭攢動，直待場內遊客散盡，已翌晨一時零五分矣。唐與諸友均整衣魚貫而出，唐擬直趨至預停之汽車處上車．當時友人孫少卿忽詢唐曰，「你明天去否」，唐答，「自然去的」，蓋翌日須赴黃金榮君漕河涇黃氏花園之宴也。詎唐話甫脫口，槍聲即突然大作。

應聲倒地　當唐甫出大世界大門，暴徒已四面圍集，迨唐與孫分頭上車之際，衆暴客即對唐亂槍齊發．唐遂應聲倒臥車旁，鮮血橫流。車夫徐阿榮目擊主人被戕，最初尚擬將唐挐扶上車，既見亂槍齊射，祇得蜷伏車旁，直至暴客四散逸去，始將唐掖之上車，急送寶隆醫院，一面通知家屬，轉報捕房。

唐之家屬　唐乳名阿裕，甬人，年四十五歲，有一妻一妾，家住法租界華臬葛路呂宋路五福里三號，遺二子三女，長女名秀珠，次秀珍，年均十八；長子運龍年十一，次子運虎方三齡，三女名秀瑛，年八歲。

五彈畢命　是役也，暴徒共發槍達三十餘響之多，唐遍身共中五彈，計右脅，右胸，鼻部，左腿等處，大半係屬要害，故抵院未幾，即斃命。捕房聞訊，立即通知同仁輔元分堂，飭派堂夫，將屍舁入驗屍所，報請第二特區法院蒞驗。惟昨日適爲星期，須俟今日上午十時檢驗，聞驗明後，即至海格路中國殯儀館大殮。

唐妻問卜　昨據死者之妻與前往慰唁之戚友談話，略謂，本月十五日之夜，死者公畢返寓後，忽一人兀坐沙發上，雙眉緊鎖，若有所思，一種抑鬱之態，呈於面部，余（唐妻自稱）乃叩其所以，據答，今晚曾與大世界某部茶役，發生齟齬，該茶役且出言不遜，無可理喻云云。言時，頗示消極，余當加以勸慰，並囑其於可能範圍內，辭去大世界職務，藉資修養。當時死者續謂須往南京一行。余於翌日曾爲其至福煦路關帝廟求問靈籤，叩其是否可去，詎籤條上詩句之解釋，竟促其即速成行，藉免於厄，余敢舉實以告，而死者又忽淡焉若忘，余亦未加催促。詎料未及三日，竟爾遭此慘禍，豈冥冥中早具定數歟。言時，珠淚奪眶而出，厥狀至慘。

流彈死者　當唐君被擊，槍彈橫飛時，有一年約二十左右，身穿白短衫，黑色單褲者，頭部被流彈擊中兩處，旋即倒地身死。當時姓氏無從調查，直至昨午，始有一爊器店夥友認出，死者名吳光財，年三十一歲，江都人，現在南褚家橋聚泉浴室爲茶房，當即向浴室通知，隨由屍侄吳朝興，趕往驗屍所認明無訛，急用長途電話至蘇州，招死者之妻來滬料理。

（例三）沉沒之

甬興輪將撈起

被害乘客控告船員
部令航局切實查復

甯紹公司甬興輪，在浙閩海面之磨盤山觸礁沉沒，船員乘客，又被海盜刦架，此事早誌本報。今被盜綁去之人，扣至前日，已全數贖出，船賬房竺時生，已由盜窟返滬，報告剿匪撈船等事甚詳，亟爲記錄如下。

旅客全放　刼搶甬興輪之盜匪，多爲海門附近磨盤一帶之漁民及當地莠民爲多，故於刼輪之後，又將船員旅客等架去，勒款取贖，數額不甚巨大，但須繳納四五百金，匪徒卽可釋放肉票。最後有旅客三名及船賬房竺時生共四人，因贖款未到，所以遲延未釋。至今竺以六百元贖放，餘三人亦各納五百金，故被架之人，已全數釋囘矣。

追剿海盜　竺君在磨盤山匪窟放出囘滬，係先到海門，然後返滬。據竺君言，渠於匪窟逃出之際，正値閩軍與海軍會合向磨盤山匪區進剿，匪衆亦抵拒。竺等離匪巢時，官兵正激進追剿，當時情勢，十分危險，竺等得以安然脫險而歸，亦屬僥倖矣。刻下匪盜已爲官兵包圍，不久可望肅淸。

貨均卸出　甬興沉沒以後，船內貨物，除貴重者已被盜刦外，其餘均隨船沉入海中，嗣經中國打撈公司派船先將輪內貨件，全數設法駁卸，迄今已分批運到海門，其中有多數貨品，如紙張油類等入水後已無用外，惟大批木材，仍可應用。關於起出之水漬貨，已由承保水險之各公司保管，將來出售後，再行公攤款項。

船身吊起　甬興船身由甯紹及各保險公司會同託中國打撈公司前往打撈，工事進行已久，現聞該輪可望撈出，在船作業之工人，邇日正在入水修補船底破洞，然後再抽去積水，將船體吊起。在沉輪附近，海軍部已派誠勝艦保護撈船之工人。

交部澈查　甬興輪中被害之各旅客，刻已公同具呈向交部控告甬興輪船員之玩忽業務，兒戲民命，使乘船旅客受盜刦與綁架之重大損失，並稱甬興失事，初非不可抵抗之海難，而其釀禍在於船員之錯走航道，盜匪之刦掠，更在船身擱礁之後，則與不可抗之海難有別，應由公司負賠償損失之責。交部已將此呈發交上海航務局澈查核奪矣。

（附記）右第一例為婚姻糾葛，第二例為暗殺，第三例為船舶與盜難。此三例以第二例的寫作最優，學者應注意其文字與記敘的層次。

上述僅為新聞記事的簡單區分。如美國的「紐約世界日報」(New York World) 則將新聞記事區為三十部門，茲分敍於左，以供參證。

(1)國家的記事（National News）包含整個美國應該知道的事件，變故，外交記事，以及和首都華盛頓的國是有關係的中央政府，各官廳的記事。

(2)州內記事(State News)包含紐約州內的「公的記事」及州政府，州廳的記事。

(3)本地記事(Local News)或稱爲都市新聞，包含紐約區域內所發生的一切記事。

(4)一般犯罪記事、News of crime general)不問地域範圍，凡關於犯罪之記事均屬之。在美國，此種記事最能引起讀者的注意。

(5)政治記事(Politics)不問地域範圍，凡各種政黨及選舉的記事均屬之。

(6)疑獄記事(Scandal Stoies)凡與國政、州政、市政有關的醜聞均屬之。

(7)海外記事(Foreign News)不屬於外交範圍的國外各種記事均稱爲海外記事。

(8)季節記事(Season News)卽關於氣象的消息，如天氣預告、暴風雨、海流等專門的記事均屬於季節記事的範圍。

(9)電影記事(movis News)包含紐約市內影戲院的消息及好萊塢的消息。

(10)劇場記事(Theatre News)包含演劇，歌舞等。

(11)音樂記事(music News) 音樂及音樂家的記事。但與劇場記事時相重複。

(12)文藝記事(Literature) 包含文學界及書籍出版等。

(13)運動記事(Sports News) 包含國內外的運動消息與賽船、賽馬等。

(14)社交記事(Society and clubs) 包含結婚、生產等 慶的記事;夜會、集會的預告或記載。尤其注意關於婦女的記載。

(15)金融市場記事(Money Market) 包含銀行、證券交易所、國外匯兌、貿易、保險等記載。

(16)產業記事(Industrial News) 關於農產物、肥料、製造工業、礦山、水產及其商情,汽車業亦屬之。

(17)不動產市場記事 Real estate News) 關於不動產買賣的記載屬之。

(18)股票交易所記事 Stock exchange) 包含股票交易所記事及各大公司的記事。

(19)幽默讀物(Humorous Stories)。

(20)法庭記事(Legal proceeding News)　使讀者感覺興味的公堂記事。

(21)感動的讀物(pathetic Stories)。

(22)敎會記事(Church News)雖名爲敎會記事，但包含各種宗敎的記事在內。

(23)連載漫畫(Daily cartoon)。

(24)死亡記事(Obituary news)。

(25)保健記事(Health News)　對於讀者保健上的注意及城市衞生的記事均屬之。

(26)讀者投函(Readers letters)。

(27)流　記事(Fashion News)　特輯國內外，尤其是巴黎的流行物品的記事。

(28)婦人記事(Women)　關於婦人生活的一切記事屬之。但與社交有關係的記事，應編於社交記事之內。

(29)食品界(Cooking recipes)。

(30)長篇記載(Feature stories)。

紙面上的新聞記事的區分（屬於平面的），可引中外各大報爲例。

（一）申報（上海）

第一張　要電。

第二張　要電。國際電。

第三張　國際電。本市新聞。

第四張　本市新聞。教育消息。「春秋」。

第五張　「自由談」。商業新聞。

本埠增刊　第一張　小品文字。

第二張　小品文字。

第三張　電影專刊。

（附經濟、建築、醫藥等特刊。）

（二）美國支加哥論壇報星期版

第一部（二十八面）各種主要新聞。

包含是日發生的事件。評論文字。報館的宣言。讀者投稿欄。一般死亡廣告等。

第二部（十面）運動欄。

包含各種運動競技的狀況及結果，全國氣候報告。汽車欄。汽車交通路巡等。

第三部（十面）不動產買賣、財政、市場欄。

包含住宅建築及大建築，農園與庭園。新刊圖書介紹。股票交易。紐約匯兌記事。紐約股票行情報告。

第四部（六面）都市欄。

市政新聞，特別讀物。無線電欄。「我們的都市」欄。字謎欄，「苦笑」欄。

第五部（十四面）分類廣告欄。

第六部（十四面）婦女欄。

包含流行物品，家政的心得。小說，懸賞。美容。質疑問答。口腔衛生。婦女活動。婦女小說三篇。一星期的菜單。宴會上如何侍候等。

第七部（六面）戲劇欄。

電影，音樂記事，影戲院廣告，支加哥劇團消息等。

第八部（十二面）社交欄。

社會俱樂部及各團體記事，紐約俱樂部記事。旅行，教會，結婚，婚約。支加哥北西南部郊外俱樂部記事。宗教界記事。說教與儀式。旅行廣告。

第九部（十二面）照相畫報。

美術影寫版。世界照相新聞。

第十部（八面）着色漫畫欄。

支加哥論壇報(Chicago Tribune)的星期版(Sunday Edition)由前述十部分組成，總頁數為一百二十八面，可謂巨製。

(三)「聖路易民報」(St. Louis Globe Democrat)的分類，由五部門而成，分敘如左。

第一部（第一至第五面）社會記事。電影記事。

(第六面)運動記事。「新聞之新聞」欄。

(第七面)藝術及藝術家的記事。

(第八面)汽車業記事。特別記載。

(第九面)流行記事。

(第十面)市井瑣事。字謎欄。

第二部(第一面 政治記事。

(第二至第三面)評論文字。政治記事。流行式樣。

(第四面)小說。

(第五面)外類廣告。

(第六面)娛樂記事及娛樂廣告。

(第七面)旅行廣告。

(第八面)少爺社會記事。

第三部(第一至第八面)影寫版照相。

第四部(第一至第八面)彩色漫畫。

第五部(第一至十六面)彩色附刊。

(四)紐約泰晤士報(New York Times)的星期版，共分爲十一部門，列舉如左。

第一部　一般記事，船舶及郵政記事(三十面)。

第二部　社會記事，結婚及死亡記事（三十二面）。
第三部　社論文字（八面）。
第四部　書籍介紹與評論，凹版（三十二面）。
第五部　各種讀物，凹版（二十四面）。
第六部　凹版照片（十六面）。
第七部　娛樂欄，流行記事（二十二面）。
第八部　特別讀物與汽車，無線電記事（二十二面）。
第九部　運動記事（八面）
第十部　不動產買賣欄（十面）。
第十一部　分類廣告（十面）。

實用新聞學

謝六逸編

（五）Christian Science Monitor 報（波斯頓）的星期一版，其新聞記事之分類如左：

（1）國家的各種記事。
（2）海外記事及廣告。
（3）州內各種記事。
（4）無線電新聞。
（5）別州記事與廣告。
（6）運動欄。
（7）兒童欄。
（8）藝術界記事。
（9）家庭欄，文藝欄。
（10）股票市場。
（11）經濟欄。
（12）別州的廣告。
（13）特別記事。
（14）社論。

(六)支加哥日報(Chicago Daily Journal)星期五出版的晚報，共二十八面，各面的記事分配如左。

(1)最近的消息。　(2)一般記事，死亡記事。
(3)一般雜報。　(4)一般雜報。
(5)全面廣告。　(6)(7)雜報。
(8)社論，個人顧問。　(9)全面廣告。
(10)汽車欄。　(11)雜報，死亡廣告。
(12)社交界記事，娛樂廣告。　(13)電影欄。
(14)無線電欄。　(15)漫畫。
(16)全面廣告。　(17)(18)運動欄。
(19)哥爾夫球，釣魚，廣告。　(20)紐約股票欄。
(21)貿易消息。　(22)經濟欄。拉沙爾街特訊。

(23)投資指南。
(24)紐約商情。
(25)公債消息，廣告。
(26)流行事物，廣告。
(27)小說，漫畫，兒童欄。
(28)雜報。

(七)日本東京日日新聞星期一版的記事分配如左。

(1)出版物廣告。
(2)政治外交記事。
(3)運動記事，歷史通俗讀物。
(4)分類廣告。
(5)全面廣告。
(6)小說及廣告。
(7)(8)全面廣告。
(9)運動消息及廣告。
(10)全面廣告。
(11)社會記事，雜報。
(12)分類廣告。
(13)無線電欄，廣告。
(14)評論，音樂，娛樂記事。

(八)日本東京讀賣新聞「星期一版」的新聞記事分配如左。

(1)出版物廣告。　(2)政治經濟外交記事，廣告。

(3)運動記事，廣告。　(4)圍棊，將棋，廣告。

(5)小說，分類廣告。　(6)(7)全面廣告。

(8)社會記事。　(9)婦女欄，漫畫，廣告。

(10)無線電版，廣告。

以上為新聞記事的平面的區分。各報的「紙面」，常不一致。我國各地報紙，以申報的「紙面」，分配較為適當。

(乙)立體的區分，根據新聞記事的文體與新聞事實的時間性的程度，分為三種：

(一)報道的新聞記事（Spot-news or Action story），(二)情操性(或趣味性)的新聞記事(Human interest story)，(三)特載的新聞記事(Feature news)。(二)(三)兩種，容易混同，但不能不加以區別。

(一)報道的新聞記事即是純正意味的新聞，此種記事只將事件簡單明瞭地報告出來，敘述直率，使讀者得其印象。不用華美的文字點綴渲染，也不加以任何解說。此種記事的生命，為一種直接報告的精神。

(例一)國際慈善會代表

來思德女士已抵滬

英國大慈善家來思德女士，係英國貴族，擁有鉅產，因女士以慈善為懷，故大部資財，均捐助於各種慈善事業。當前年印度甘地，赴英出席英印圓桌會議時，曾拒絕英皇喬治之招待，而應女士召請，下榻其家。茲來思德女士代表國際慈善總會，來華遊歷，並考查我國慈善事業現狀。現女士已於前日由華北南下抵滬，對本市各慈善團體及機關，均有詳細詢察。昨日赴閘北江灣一帶，參觀一二八戰跡，女士目睹種種慘狀，不禁爲之淚下，認爲日本此種蠻橫行動，實破壞國際公法。女士表示回國後，決將日本慘無人道之暴行，向國際報告，爲世界籲和平云。

（例二）縣國展會

今日正式開幕

上海縣國貨運動展覽會，定今日上午十時開幕。滬閔路與上淞路之交叉路，已紮蓋松柏牌樓一座，額曰上海縣第三次國貨運動展覽會。全縣各區張貼標語及圖語，並散發日曆會刊等，以廣宣傳。禮堂在總理廳；展覽場北橋小學；游藝場三區大禮堂及縣黨部大禮堂；國貨售賣場第三區公所；廠商招待處縣政府；職員宿舍保衛團及縣黨部縣教育局。該會籌備委員會，昨開第五次會議。推定大會職員，並規定大會儀式。又該會於昨日下午一時三十分舉行第二次審查會議，通過第二次審查辦法，並訂審查表二種，分配審查委員之展覽會場，昨夜由各幹事漏夜佈置云。

右二例均爲直接報道事實的新聞記事，故文字應具「簡潔」、「明瞭」、「平易」，「興味」四種要素，不須點綴或渲染。論說體的記事，已不容於今日。如以勾攝閱者爲目的，而用文字上所常用的廢辞，或欲使平淡的事實增加興味，而用虛浮的文字點染其間，亦爲不當。如犯這個戒條，便不能稱爲「報道的新聞記事」而是一種文學作品了。因此報道的新聞記事，如果缺少簡潔、明瞭、平易、興味（興味尙絕對必須的東西）四種要素之一，反以修辭（狹義的解釋）、幽默、趣味、「賣關子」，行文活動等文章的成分加入，那麼，報道的新聞記事的特性就完全失去了。

美國甘薩斯大學新聞學系教授弗林登博士，對於「理想的」報道新聞記事，嘗說明如左。

「凡理想的報道新聞記事，（文章的問題姑置不論），必須具備下面的幾種要素：

(一)寫作之時，在理想及精神上，公平無私，毫無偏見。」

(二)寫作之時，應摒除「人稱的」關係，而出於客觀的見地。

(三)在善良的趣味中寫作。

(四)寫作時注重獨創。」

弗林登博士所說的「公平無私」的理想，是從報紙的使命而來的。報紙無論男女老幼，貧富貴賤，不問宗教的政治的信念如何，都可以閱覽，所以報紙不啻爲大衆的大學，凡屬報道的新聞記事自應公平無私，報道的新聞記事，又不宜加以個人的私見，必須是客觀的。現在的報紙多迎合低級趣味，所以弗林登博士主張善良的趣味，使用標準的文字，作爲避免「黃色化」的手段。最後他提出的是「寫作時注意獨創」，這是指「新聞記事」的作法而言，卽所以警戒新聞記事文學化之意。

(二)情操性（或趣味性）的新聞記事　凡新聞記事的材料，可以分爲「純粹新聞材料」與「閱讀的新聞材料」二種。前者稱爲「Must Copy」，後者稱爲「Time Copy」。前者的意義爲「非讓人知道不可的原稿」；後者的性質富於進展性，興味較多。但發表的時間有從容的餘裕，卽是無論何時發表，它的興味仍然存在。發表此種新聞的目的，不在新聞本身的重要性而在敘述法之特殊與內容之富於興味。

現在所講的情操性的新聞記事，屬於後者（卽Time Copy），此種記事的內容，在喚起讀者的同情心，而使讀者發生苦笑，哄笑的感情。關於兒童、動物、女性、弱者、殘廢者的事變，多屬於情操性的記事。

此種記事的寫作方法，在「文字的描摹」與「新聞的直敘」二者之間。不用乾燥無雜的筆法，力求其柔軟多趣。政治、經濟等新聞記載，屬於硬性，枯燥無味；此種記事與之相反，屬於軟性，較多情趣。編輯時爲調和「紙面」起見，二者均不可偏廢。

情操性的新聞記事，大別爲（甲）人情的，（乙）喜劇的，（丙）悲劇的，（丁）怪奇的四種。此種分類，並非絕對的。須視新聞記事的內容而定。這裏爲解說上的便利，姑暫分爲四種。以下舉例說明。

實用新聞學

謝六逸編

（甲）人情的　凡慈善行爲、英勇行爲、遭受災害、動物珍談等事實，足以使人感動者，均可列入此類。

（例一）辛未會昨午遣送難民回籍

男女大小共計一百零七名

乘新豐輪赴天津再返原籍

辛未救濟會，前接市公安局函送難民李子維等男女大小五十三人，又殘廢院長陳文奎送來張合起等男女大小二十四人，及自行來會請求資遣回籍之崔福臣等男女大小三十人，以上三批難民，共計一百零七人，均居河北保定河間一帶，於去秋被水淹沒，無家可歸，飄流滬濱，乞食度日，現以原籍水退，咸欲歸家耕種，俾免飄流，該會據情後，當由會簽發船票一百零七張，派幹事葛鈞蓀、陳鴻猷兩君，會同公安局救濟股主任殷冠之、派警護送至招商碼頭，乘搭招商局新豐輪，於昨晨十時開赴天津，再行分返原籍云。

（例一一）閘北施粥廠定期停止施散

一二八之役，閘北居民，毀家蕩産，無棲無食者甚衆，加之頻年兵燹匪刼，水旱爲災，各省難民，流離來滬者，亦甚衆多，現閘北一隅，每日至閘北施粥廠領食施粥之難民，數達八千餘名，婦孺佔四分之三，施領時間，爲上午七時至九時，每日需米三十五擔，施粥不夠時，則按人給錢，大人每名領銅元九枚，幼童每名領銅元六枚，約在二千餘枚左右，施粥時人雖嚣衆，因布置妥善，進出口及休息場所，均能循序領食，秩序良佳。昨據施粥廠王彬彥君語本社記者，上海南市等處，雖亦有施粥場所數處，但領取人數之衆，均未有如該廠者，該廠因限於經濟，本月六日止，即停止施散。

右二例的事實均有情操性，但敍述方法則非「情操性的記事」。如將「難民」與「施粥」情況加以描摹，便爲情操性的記事，但此種例在國內報紙，甚不易見。即偶然遇見，亦與報道的新聞記事無甚差別。故不能不取材於外報，下列三例，均譯自外報。

（例一）馴犬咬死良馬

犬咬死馬匹，殊難令人置信。但日本清水市濱田地方有土橋竹次郎者以畜馬爲業，畜土佐種犬一頭，取名小紅。二十七日午後，小紅正伸長四足於春日中酣睡。時家中馬車馬一頭，爲主人工作後回來，忽誤踐小赤之尾，小赤大叫，急躍起向馬撲去，直咬馬喉，竟至咬斷氣管，馬當場氣絕。主人目覩情形，雖損失甚大，但兇手爲本人所珍愛之犬，啼笑全非，唯注目愛犬之勇而已。

（例二）二少年雨中尋父

七月午前十時半，正細雨濛濛，忽有兩少年全身濡濕，如落水雞，手攜包裹，踟躕街頭，爲淺草西鳥越站岡警察所見，遂加以調查，始知此二少年自愛知縣步行來京尋父。二人本爲愛知縣寶飯郡形原町麻絲工場岩瀨德一家中所僱用者，故居岩瀨家中。一名齋藤善次，十四歲；一名佐藤清，十三歲。上月二十五日，鎮中舉行社戲，鎮上各家父母攜自己兒女往觀。二人觸景傷情，不覺思念堂上雙親。善次在四年以前，即與父別。彼思其父必居三河島一帶，故步行來京尋覓。其友人佐藤清之父，亦遠居福島，故二人運命，與孤兒無異，因此友誼甚濃。故商同出外尋父，沿鐵路步行，於十四日抵京，踟躕街頭，故爲警察長谷川君所發見。

(例三)乾姆司慶祝雙十壽誕

乾姆司·安徒生今日度其二十二歲生日，故招待友人，開宴慶祝，來賓共十人。飲酒酣，有起立致祝辭者，其辭曰：「余等應努力加餐，因明日非死不可。」此在常人宴會，必以為戲言，但在乾姆司之會，則非戲言，因彼之生日，乃最後之生日也。彼將於明日正午坐於電氣椅中，以赴幽冥。其他來賓十人，亦宣布死刑者。乾姆司在獄中作工，得資二十五元，故以之置辦食物，召死刑囚同飲，並得獄吏之許可云。

（乙）喜劇的　凡令閱者苦笑、哄笑等記事均屬之。

（例）溥儀僭位中之太監

僞組織傀儡溥儀，僭位在即，旅平前清遺老，利祿薰心，竟乘時向僞組織方面，圖謀位置，某國浪人，日前在天津某別墅，邀集津滿族老年及一小部分失意政客，會商製造慶祝溥儀僭位辦法，並決定派員拜見溥儀、及擬進貢黃龍袍。今日（八日）天津滿人代表傳如堃祕密來平，下車後，赴什刹海、後海、地安門、銀定橋、北新橋一帶，訪問滿族老人及失意政客。什刹海會宴堂，係前清皇族宴會之所，今晚七時，有前清太監四人，年約六十餘歲，在該處用餐。有見該太監等動作者，謂其尚有髮辮，發言甚多，均係女子音調，身穿黃色或橙黃色長袍，談論前清對旗人之恩德，並謬揚僞組織之新設施。四人中有一人穿馬褂者、謂宣統登基在卽，我滿人應定期赴滿，皇上必可賜福。旁有一穿橙黃色狐皮袍者插言曰，宣統年幼無知，被鄭趙等包圍，我輩老人前往，恐無「有益之機會」，不如先去一聯名賀函，如有覆函，再定行蹤。另一穿黃色羊皮袍者曰，滿洲國情複雜，東洋人操縱政權，宣統僅一木頭人，唱唱木人頭戲，我儕老人，均係光緒皇帝時代之宦官，又何必去服侍此木頭人皇帝。又一穿黃色棉袍者曰，不論滿洲國優待滿人與否，宣統既將登基，我儕應有一種表示。後經四老太監討論結果，決定答復天津滿人代表，取一致行動，派員赴津，參與平津滿人代表聯席會議，詳商赴東北步驟及慶賀溥儀之辦法，亦云醜矣。

（丙）**悲劇的**　凡「人間苦」、「生活苦」等事件均屬之。

（例）胡阿寶屢遭毆辱

少婦胡阿寶，家居殷行鎮胡家浜、於民國廿年九月嫁與左近沈家行尹家福爲室，夫婦甚恩愛。詎至去年，尹又與小六妹姘識，戀姦情熱，視阿寶如眼中釘。至今年四月間，竟迎娶小六妹到家，强佔阿寶之臥室，又將阿寶毆打逐出，不准入房。阿寶無力對抗，祇得泣回母家（下略）。

（丁）**怪奇的**　凡離奇怪誕的事件均屬之。

（例）外交部之廚子（本文爲已故名記者黃遠庸氏的手筆）

▲奇怪之北京社會▲廚子與前清西太后及恭親二王及李鴻章之關係▲狗窩子之外務部▲陸子欣君之大功績

自前清恭王管理總理衙門時代至於今日之民國外交部，其間易若干管部親王，易若干尙書侍郎，易若干司員，至於今日又將易若干總長，而始終未脫關係者，則余廚子其也而已。此廚子之聲勢浩大，家產宏富，亦在奕劻濤洵之間，其所管家產，有民政部街之高大洋房一幢，有萬牲園中之宴春園，有石頭胡同中之天和玉，皆京中之巨觀也。此廚子在滿清時代，連結宮禁，交通豪貴，幾另成廚子社會中之大總統。庚子變後，西太后及光緒回鑾時，西太后研究媚外主義，乃大宴各國公使夫人及在京東西洋貴婦人，耗資巨萬，人所共知也。其時議和大使李鴻章，以世界外交之雄才，參與樽俎之事，已爲西太后雇一著名西洋廚夫，以備供奉，既已得面許可次日入御，至於次日，西太后忽謂李鴻章曰，我看明日請客，還是用外務部的廚子罷，此廚子運動力之大，乃至能力迴西太后之意，與中外赫赫之李鴻章對抗，其他可知。廚子以此，亦所贏不貲矣。余廚子自前清恭王時代，已入外部，凡各親貴及外部尙侍，有讌會喜慶諸事，廚子無不極力供奉，此諸王公者，亦待廚子以殊禮，以平等主義待之，故諸公家大慶典時，廚子亦公服掌招待之職，與王公貴人及其時縉紳先生之流，分庭抗坐。此廚子雖號稱廚子，其所隸部下，固不止一標一營，廚子固不躬親匕鬯，而其身則以其家產之千分一，捐取得前清候補道花翎二品銜也。此等王公貴人，既屢受廚子饋進，固亦待以友禮，廚子之公子，亦赫赫捐納外部之司官也，以廚子之力，得本部管庫差事，全部財政出納之權，實在其手，而廚子實間接以供刀俎上之魚肉，又稍以其餘瀝沾溉司員中之有勢力者而爲之墊款焉，或小借款焉，司員中或預支薪水，廚子之子秉承父命，無不爲之周轉，故各司員中之無恥者，則待廚子以丈人之禮，稱爲老伯，見廚子則鞠躬如也。汪大燮氏自外部司員歷躋侍郎，未嘗受此廚子分文饋進，故廚子稍憚之。一日汪赴賀慶王之宴，方及門，遙見廚子方輝煌翎頂，與衆客蹌濟於一堂，愕然不能舉步，廚子見汪大人來，則亦面發赬而口囁嚅，倉卒中避入側室，汪亦未遑久留，退而告人，謂今日余廚子尚是給我面子，可爲榮幸，北京舊官場中傳以爲笑也。弈劻管部數年，爲余廚最得意之時代，顧其人亦頗能謙撝守分，不敢爲十分高倨之狀，於本部司員，則竭力籠絡之，其時外部衙門，最稱闊綽，司員日在署一飯，而額定飯銀每人八錢，故外部恆食一席之費，蓋六兩四錢，司官既貴倨已甚，輒嚬蹙謂衙門飯不能吃，故常家食而後上署，於是此等飯銀爲廚子中飽一半，以此故，則司員需索極多，或臨時換菜，或全席都換，或飯不吃而另索點心，廚子無不一一供應，蓋廚子之能有今日，其處世哲學固亦有不易學者在也。外務部之廚，暴殄既多，酒肉皆臭，於是廚子乃畜大狗數十匹於外務部中豢養之，部外之狗，乃羣由大院出入，縱橫滿道，狺狺不絕，而大堂廊署之間，遂爲羣狗交合之地，故京人常語謂外務部爲狗窰子，窰子京中語謂妓院也。余廚子之歷史甚多，記者居京未久，所得特其大事記中之一節耳。自民國成立後，終胡總長之任，人惟求舊，故廚子之盤踞於民國外交部也，如其在滿清時代之外務部事，曁最近陸徵祥君到任，廚子謹遵常例，送一份絕大禮物於此新到任之陸總長，其禮單未之見，要之決非尋常火腿海參之類，在廚子之意，以爲今昔之國體雖異，而官長之愛財物未必不同，匪今斯今，未嘗開罪也。不料此歐洲政治家派之陸子欣君，見所未見，震怒異常，次日到部，乃令司官查明昨日送禮某人係本部何等人物，此係新總長之一種政治手段，乃司官回復此係光祿寺大夫余君，陸君大怒，痛詞申斥，卽立意開除。廚子震恐，以此項飯碗非尋常飯碗可比，乃遍奔走運動於各司官，求其緩頰，但凡稍有聲勢者之家，皆有廚子之車轍馬迹，其中固有受者有不受者，卒以陸總長之毅然決然與諸司官之全體一致贊成開除，於是此二十年內盤踞外交部中之廚子聲勢與王公大人比隆者，亦隨其舊日恩主之名字以俱去。雖然，以廚子之力，猶可輦致巨金儲之外國銀行，遨遊青島、天津、上海、之間也。廚子之姓名待考，北京人但稱爲余廚，故余亦余廚之而已。

實用新聞學

謝六逸編

（三）特載的新聞記事　此種記事極富興味，雖與發表當日的新聞無關，但仍有時間性的關係，不過記載內容比較詳細而已。寫作此種記事應加注意之點，即記事的本身必與「新聞」有關聯，如與「新聞」無關係，則非特載的記事，而成爲一種創作了。

特載的新聞記事，其目的在於「報道」與「解說」，故文字的分量較多。此種記事，易與前述的「情操性新聞記事」混同，但不能不加以區別。

情操性記事爲「報道的記事」之一種，其特色須視敘述方法之爲文學的，與否，或內容含有人情味與否而定，範圍較狹。

特載的記事是一種興趣豐富、解說詳細的報道與解說，故較情操性的涵意爲廣。情操性記事可以用爲特載記事的資料；但特載記事則不能用爲情操性記事。

一種事件發生之後，閱者希望知道事實的詳細報告，所　他們歡迎一特載的新聞記事」。例 普安輪被刦，既經發表，閱者必探求普安輪船之歷史，被刦之經過，乘客之安全，輪船公司之善後方法等。新聞記者亦必用盡心血，以求普安輪被刦以後的新聞材料。此種記事的寫作方法，稱爲Playing up the News，或稱growing out the News，又名amplification of the News。

（例一）被刦普安輪昨晨返滬（注意材料之安排與事實的詳略）

海盜十名現款四千餘被刦

誤傳冥洋爲現銀起意行刦

銅山港官前鎮洋面挾贓逃

招商局青島班客輪普安號，本月十三日，由滬赴青，在吳淞口外蛇尾山北，爲海盜騎刦，綁去旅客九名，詳情迭誌本報。昨晨，普安已駛還上海，停泊浦東華棧，本館記者，特往該輪訪問，詳情分述如下。

船到碼頭檢查

普安輪自被劫後，即由詔安灣海面開還上海，其營救旅客，與剿捕海盜，已經海軍部責成廈門海港司令林國賡派艦兜緝。普安輪因途中天氣惡劣，故於昨日上午二時十分抵吳淞口外拋錨，至七時三十分，始駛進浦江，在浦東華棧碼頭停泊。招商局總經理劉鴻生，親自與總務科史維俊，同往該輪，詢問船主，並對在輪各旅客，加以慰問。返局後，即派史維俊赴市公安局報告，上午九時半，由市公安局局長文鴻恩，派偵緝隊長盧英，帶同領班陳才富，及偵緝員十二人，會同水公安局警察六名，即往該輪檢查，當場禁阻乘客上落，將旅客茶房船員行李物品，加以檢查，直至十時半，方始查竣。

行劫海盜十人

行劫普安輪之海盜，共祇十名，在上船之際，兩名係乘房艙，其餘八名，乘統艙隨帶手槍，係最新式，面積極微小。當十三日下午六時十分，海盜中領袖一名，即指揮動手，先有兩匪出艙，首將值更人，拖上駕駛台，次又將大副孫作人，與無線電生朱舜，拖到駕駛台，至第三次，方將船主老軌等押上駕駛台，然後將各船員逐一押至一處。此際匪首逼令船主指揮，改掉航綫，全船已歸盜匪控制，匪盜於鎮服船員後，再到頭二等室，將十六名旅客，與各船員，共同驅禁在一艙室中，（即休息室內）其餘，房艙與統艙客，則另行驅禁在一室中；後乃開始搜刦。當盜匪行刦之始，曾開放朝天手槍兩聲。

冥洋誤認現款

海盜威禁全船員客後，即以手槍勒逼大副孫作人，及事務長鄒倫，着令交出船上所裝各銀行運青現款三十箱，計十五萬元。當經孫鄒二人聲明，船上並無巨款承裝，但匪首謂，曾聽得報關者言，有三十箱洋鈿上船，後由大副取示艙單，謂祇裝有冥洋三十箱，數爲三十餘萬元，匪仍不信，强逼開艙，啓視之下，至是匪衆始表示大失所望，遂將全船乘客一百零二人，搜刦現款衣物，即船員所有銀錢，亦遭刦掠，結果，共刦得現洋四千餘元，惟衣物手飾等項則甚多，將刦得之物，放置在大餐間內，最後用刦得皮箱七八隻，裝運此項贓物。

船主照常服務

海盜十八人中有一領袖，年約四旬，身穿西裝，人物漂亮，各船員被禁閉後，經船主大二副，向匪首陳述，各人有職務分司，而須按時值班，匪首立允船員之請，准予輪流放出服務，船上秩序，匪首命令不許紊亂，故毫無損傷。據匪首向船員言，我等半年無生意，此回由粵到滬，做此不得已勾當，在滬已居兩月，費用共五千餘元，因悉船上裝有巨款，始來刦取，萬不料誤傳至如此。又言我手下人甚多，在港滬青島均有機關，船員乘此時機，即要求匪首，將各船員被刦衣物銀錢，請即如數返回，匪首亦即允可，令各匪盜將已刦者，悉予檢回，未刦者勿得再取。

綁架旅客情形

匪首以所得現款無幾，乃決定綁架頭二等室旅客，共計須帶大小男女十三人，當時頭等室有周姓女客一名，並帶小孩四名，匪首欲架去其母子三人，乃經大副孫作人，與鄒倫等請求，勿將婦女架往，結果，匪盜允釋周氏，而必欲架其兩孩，鄒孫二人，又至跪地懇情，匪盜方允不綁。又有蛋商陳某父子二人，匪欲全綁，亦經船員懇求，乃改綁其子。招商局之青島分局長孫振武，因代旅客說項，願每人納款千元，而結果被匪拘綁，亦由船員求釋。最後將頭二等室內朱，陳，張，王等九客綁刦，但九客在普安船內，准船員求情，並不將繩綑縛，不過緊閉一室，而可自由散步及飲食。

海盜在船化裝

各匪盜在船經過三天，至一夜間，並不行刦，僅在船四週巡行。匪盜所占者爲大餐間，贓物亦置在內，各匪一日之中，須換衣服十數次，忽而中裝，忽而洋裝，忽架眼鏡，使人目迷五色。匪盜之意，藉此亂人認識，而不知其究有若干人，實則僅此十人耳。每逢餐食，更不可捉摸，有時令廚備二十六客，有時祇令備二十客，有時備十八客，船內之白蘭地酒，盡被飲盡，盜匪恐沿途爲他輪瞥見，發生危險，至十五日，乃逼令船主將煙囪黃色改漆黑色，使失去目標，而可以逕行南航矣。

盜與漁船交戰

至十五日下午三時，普安開到銅山港境，相近官前鎮附近海面。匪首令各盜沿海找尋漁船，命來運取贓物，而將貨艙內所取出香煙二百餘箱，堆置艙面，除破箱取吸外，餘擬取運而去。及船到官前鐘相近時，見漁船甚多，匪盜即在輪招喚，詎各漁舟競駛而來，將近普安，多數漁船，紛謀扳附而上，匪盜喝止不住，恐漁船上人，亦上輪行刦，乃由匪首，命各盜向各漁船開槍，連放數十彈，始將漁船打散。最後，拘得漁船一艘，乃將贓物皮箱，先行運下，然後再將綁架旅客九名，逐一押登該漁船，在艙面香煙，則並未搬運，便令漁船向詔安灣開放而去。

驚斃搭客一人

匪去後，船員始將被禁各旅客放出，業已被錮六十八小時矣。船主整理一切，即行電滬報告，一面掉身回航，開駛返滬。船內統艙客中有一宗姓搭客，年約四旬，係弟兄二人，同往青島，爲甯波籍，在盜刦時，神經受重大驚惶，又因有嗜好，而船上又無鴉片可得，致半由癮發，半受恐慌，迨船至吳淞，該宗姓客，業已斃命矣。當經船主在進口時，報告海港檢疫處，請醫生到船檢驗後，再由其同行之兄收殮。此次頭等室內之周姓女客，及四小孩，已綁而又釋放者，均由各船員力求所致，到滬時，極表感謝。其他頭二等客多數上陸，各由各家屬到來接去。此外統艙客，則因銀錢衣物盡失，仍居船上，明日將仍附普安原輪赴青島。

船主補具報告

船主雷克斯，與事務長鄧倫等，於昨日船到上海後，卽補具此次普安輪在途被刦詳細報告，已遞送至總經理與船舶科，而船舶科則根據船主報告，卽轉呈航政局，一面由劉鴻生分呈理事會與交通部。局內對海盜行刦，依照頒布海商法，旅客等損失，認爲人力不可抵抗時，船東不負任何責任，惟在輪乘客，則照常供應膳食，至到達青島爲止。被架九客，請海軍與當地軍警營救。

普安明日赴青

普安輪昨日到滬後，已令加裝煤斤，燃料，及吃水食物等等，仍定明日上午九時半，由滬開赴青島。此次普安遇盜，連同往返海程，及到滬留泊，適延遲一星期之久。

實用新聞學

謝六逸編

特載的新聞記事，寫作時必須注意下列各項：

(1) 絕對以事實（主要材料）爲根據。（故與小說不同）

(2) 避免「報道的新聞記事」的集結的記述方法。

(3) 在時間的觀念上，雖不必限於事件發生之當日；但不可取用不合時令的事實，即或與「現今」有關，如事實太陳舊，亦不可用。

(4) 避免報道記事的單調冷靜，敍述須華美、有趣、高尙。

(5) 文中插入對話亦可。

(6) 事件的最高點，須置於最後，以引人入勝。

適用於特載的新聞記事的題材，有戲劇、歷史、世相、保健、養育、家政、時令、流行、趣味、體驗、感想等。我國報紙，多未注意，實爲可惜。

（戲劇）卽廣義的人生劇，包含人生的悲喜劇。

（歷史）卽發現古物等。

（世相）包含思想問題與狹義的經濟現象。

（保健）關於醫學、衞生、及與「性」有關的資料。

（養育）兒童的成長敎育等類的資料。

（家政）關於家庭經濟、日用品、合理的生活研究等。

（時令）如地震、大寒、火山噴火、夏季登山、氣候變化等。

（流行）如服裝、禮儀、美容、化粧等。

（趣味）卽娛樂方面的記事，如打獵、釣魚、棋等。

（體驗）個人的冒險、探險等經驗。

（感想）名人的感想，足以引起讀者的興味，但須以事實爲主，不可用架空的材料。

（例三）總選舉後之新國會

當着手選舉之初，聯立派用勞特佐治（該派自由黨領袖）般拿羅（統一黨領袖）兩個人名義發出洋洋灑灑一篇宣言。這篇宣言，關於英國將來趨勢，總算很有研究的價值。我們素來知道的，英國近幾十年來，有兩個大問題：第一個是關稅問題，統一黨主張保護貿易，自由黨絕對反對。第二是愛爾蘭問題，自由黨主張自治，統一黨絕對反對。這篇宣言的要點，就是將這兩個問題，表示兩黨折衷調和的意見。統一黨承認愛爾蘭自治，却是關於烏爾斯達問題（詳下文），仍聽其自決。自由黨承認一部分的關稅改革，對於特定的國產加以保護，農業亦力求改良，但普通物品，依然採自由貿易的原則。這篇宣言，分明表示兩黨歷年各走極端的問題，往後着實接近交讓，這總算英國內政上一番新空氣了。其他關於和議問題，軍備問題，徵兵制度廢止問題，都有主張，無非用種種法子投合國民心理。那邊非聯立派，却沒有什麼旗幟鮮明的主張，拿得出來，又不敢對於現在新立大功的勞特佐治政府昌言攻擊。他們惟一的武器，就是說聯立主義破壞政黨政治的大原則，危及憲政基礎，這誠然不錯呀！但在那熱辣辣的一團高興沈醉戰勝的多數國民，却不聽不進耳朵，來那愛斯葵內閣當時不滿人意的舉動（如反對福煦做總司令之類），却人人都是記得，所以選舉下來，聯立派全勝，非聯立派一敗塗地。選舉揭曉，是十二月二十九日，正當我們從上海起程的第二天。我們到香港就看路透電，報告的結果如下。聯立派（合計四七一名）內統一黨，三三四名。勞特佐治派自由黨，一二七名。勞工黨，一〇名。非聯立派（合計二三六名）內統一黨，四六名。愛斯葵自由黨、三七名。勞工黨，六五名。國民黨，二名。新社會，一名。愛爾蘭國民黨，七名。新芬黨，七三名。無所屬、五名。議員總額七百零七名，政府方面的聯立派占了四百七十一名的大多數。還有非聯立派內之四十六名統一黨，大半是從愛爾蘭選出，對於一般政策，還是贊成政府，實際上政府派優越數算是三百二十七名了。這回選舉結果，可以特別注意的有好幾點：第一，反對派頭一把交椅的黨魁開戰，當時的首相愛斯葵落選，其餘自由黨名士約翰西蒙，郎士門，麥堅拿，和勞工黨黨魁翰特遜，墨克多那，士腦頓等輩，都紛紛落選反對派失敗的程度，可云空前絕後。第二，統一黨兩派合計共得三百八十名，一黨制絕對多數，算是二十五年來久已不見的現象，他們黨勢是完全恢復了，隨時可以把勞特佐治一脚踢開，自己獨立組織內閣。第三，愛爾蘭是主張獨立的新芬黨占了全勝，主那自治的國民黨膡得幾名敗鱗殘甲。新芬黨議員全體不出席，要在達布陵組織起自己的國會來，愛爾蘭問題越發要發生新困難了。第四，勞工黨雖然有幾位首領落選，但議員總數，畢竟比前次增　，現在反對各派中的人數，推他做巨擘，居然占了在野黨前面一排的椅子，實在是英國議會史中破天荒一件大事。第五，參政權是得到手了，那些太太小姐們對於他自己的同輩，却像不大信用，英蘇等處，一個女議員都選不出來，只有一名，却是愛爾蘭的（新芬）始終未見出席。記得臨出京時，英使朱爾典君和我餞行，席上談起英國人物，他說：『閣下到英國，有一個人非見不可』我問：『是誰？閣下能否替我介紹。』他說：『連我也不知道是誰。』我說：『奇了！不知是誰，怎麼叫我去見？』他說：『據說這回女議員總有一名選出，你不該去鑽個門路一瞻顏色嗎？』說罷了彼此啞然大笑。可惜這回獨一無二的新芬黨女議員馬基維夫人，我因爲沒到愛爾蘭，竟是不得一見了。閑話休題，英國新國會現在這種情形之下，將來政黨該生出怎樣的變化呢？據我看來，或者是政黨分野，從此根本改造。勞特佐治派的自由黨，和統一黨變成永久的結合，據他們的宣言像很有這個意思。果然如此，那麼愛斯葵的自由黨，當然和勞工黨結合起來，漸漸成個强固的在野黨。但這種改造，是否就能辦到，着實難言。統一黨人性，極有點根本和自由黨不能相容。勞特佐治一派，在自由黨中尤稱急進，自然和統一黨距離更遠。還記得一九一〇年勞氏提出他那社會主義的財政案，統一黨簡直拿他當洪水猛獸看待，說從今便會水乳起來，到底有些不像。況且又是識務的俊傑，他安肯事事遷就統一黨，和勞黨爲難，逆了世界的新潮流。統一黨却是占絕對多數，可以制勞氏死命，萬一絕裂，勞氏到有些爲難，還是回娘家呀？還是自立門戶？回娘家似乎有點難爲情，若從自由統一兩黨中各挖出一部分來自立門戶，只怕也非容易。

今日的勞氏，自是算時代驕兒，同時或者已經變成儒林外史說的『小小一條亢龍』，也未可定哩！這且不必管他，好在英國政治，不是人問題，一個失敗成功，並沒什麼了不得影響。却是現在『縱斷政黨』的現象，我敢說他斷斷不能長久，不久依然還是變爲兩大黨。勞工黨却要『附庸蔚爲大國』，從前當自由黨的小兄弟，往後只怕要當老大哥了。我們已經把政黨情形，研究得有些眉目，就往議院旁聽罷。

(例三)下議院旁聽

原來巴力門是上下兩院的總名，兩院同在一座房子裏頭，自成院落，我們未到議場，先將全部規模看過大概。你看！這警察好奇怪呀！個個都像紅樓夢史湘雲，脖子上帶着朝珠一般的金鎖鍊，鍊上好漂亮的一個金麒麟。入門左手那邊像一個舊木廠的是什麼地方？是從前查理第一的餐房，台階下那塊石，查理就站在上頭受死刑裁判，這算專制魔王頭一個的現世報。却是直到如今各國當權的人，還要跟着他學，眞是不可解哩？哦！好大的兩幅畫、畫的都是拿破崙戰爭時英國海陸軍的功績。那英普兩位元帥在那裏握手，好親密呀。唉！國際上有什麽感情，只算得個小人之交，以勢利合罷。哦！這一帶廊好長！兩面架上庋的都是幾百年來的法律和議事錄。我想各國人都把世界當個學校，在那裏上『政治功課』，這位姓英的老哥，頭一個試驗及第，這些都是他畢業成績，我們揣摩揣摩啊。怎麽這裏有個飯館？許多議員在那裏吃茶，聽說還常常請客，哈哈！英國人的政治趣味，就和他愛打球一樣，這巴力門也算得一個團體競技俱樂部哩。啊啊！這後面就是泰姆河，好閑曠呀！不知那些議員老爺們、可有幾個人領略得來。噯喲！時候不早了，那邊開會好一會了，我們進去罷。好一個森鬱的議場！牆壁用無數三角碎片的橡木砌成，年代久了，現出一種暗澹深黝的色澤，四周並沒有大的窗戶，只靠屋頂透光。一個平面的屋頂，滿蓋五彩玻璃，式樣也是三角，顏色以淡黃爲主，深藍深紅相間錯。當這氣凝霧重之時，越顯得陰沈沈地，好像飽經世故的人，一點才華不顯出來，內裏却含着一片淋漓元氣；外貌的幽鬱，全屬動心忍性的一種表象。西人常說：美術是國民性的反射，我從前領略不出來，到了歐洲方纔隨處觸悟，這威士敏士達和巴力門兩爿建築，不是整個英國人活現出來嗎？各國會議場，什有九是圓的，巴力門却是個長方形。中間一個議長席。左右兩邊，便是一排一排的長椅子，他不像我們參衆兩院有什麽國務院員席政府委員席因爲他們非議員不能入閣，國務員都是以議員資格列席，當然無所謂國務員席了。國務員坐在議長右手邊第一排椅子，政府黨員一排一排的坐在後面，野黨首領坐在右手邊第一排椅子、黨員也一排一排的坐在後面，連演說台也沒有，無論怎麽長話，都是從本座站起來便講。各坐位前沒有桌子，紙筆硯墨不用說是沒有了。議長是尊嚴得很，他的座是像神龕一樣，巍巍在上，罩着一個圓蓋，兩邊還垂些旛穗，議長坐在裏頭，活像塑成一尊神道。議長席下面有一張長桌，桌上擺着一根金光燦爛的杖笏，這是表示議長威權的一種儀仗，議長參列甚麽正式典禮，一定有人那着這笏做前導，據說克林威爾拿軍隊解散國會時 曾把這笏丟到街外，說道：『這是什麽東西拿來赫誰？』哈哈！克林威爾如今安在，這笏倒是與天同壽咧。桌子靠外盡頭，兩邊各擺一個漆匣子，我沒有研究他是革製是木製，更不知裏頭裝著什麼寶貝，但他恰好放在兩黨首領座位的面前，那些黨魁演說，初時總是撫摩着他，講到起勁，便把他奮拳痛毆起來，所以英國閨秀有句美談，說是『但願嫁得個痛毆巴力門漆匣的可人夫婿』。以上所說議場規模，都是我當時很受感動的一種印象，所以不嫌瑣碎，把他詳敘，如今要說到會議情形了。本日是開會第一次議事，討論的是『奉答詔書上奏文』（各君主國國會行開會禮之日，照例有一篇詔書，這詔書便是政府一種抽象的施政方針，國會第一次會議，議的總是上奏文，在野黨對於上奏文的主張，總含有彈劾政府的意味。）首相勞特佐治，本在巴黎和會，前日乘飛機趕回來出席。我們初入議場時，看見右邊第一排椅子坐着樞密院長殷拿羅，財政總長張伯倫。還有兩三位國務員，隨後勞特佐治也到了，就正對着匣子坐。那左邊漆匣子後面，坐着勞工黨首，亞丹遜他是怎樣一個人呢？他從十七歲到二十四歲在煤礦裏做苦工，是一位貨眞價實正途出身的勞工黨，他要把從前掘煤的拳力毆起匣子來了，我想從今以後閨秀擇婿，不該專向上流縉紳求人才，連礦丁車夫，怕也要一費法眼哩。諸君莫當笑話，這是英國憲政史上一件大事，英國將來或者免得掉過激的社會革命，就是靠這種精神了。我們初進場時亞丹遜正站着演說，跟着又是安瑪演說，他是鐵路工人總書記，去年正當過閣員。兩人所說的大意，都是說前日詔書，關於勞工政策，未見有切實表示，因力說戰後勞工困苦情形，主張上奏文中，要特別注重這點，這算是向政府放了第一枝箭了。兩人說的都是情詞激越，亹亹動人。對面勞特佐治把兩條腿蹺在桌子上（諸君莫誤會說他無禮，這是巴力門裏一種時髦態度）和他同僚都側着耳朶凝神靜聽，還時時拿鉛筆把他們的演說要點，記在一片小紙上，好預備答駁。我聽了雙方辯論兩點多鐘，眞是感服五體投地。他們討論國家大計，像似家人婦子圍在一張桌子上聚談家務，眞率是眞率到十分，肫誠是肫誠到十分，自己的主張，雖是絲毫不肯放讓，對於敵黨意見，却是誠心誠意的尊重他。我想一個國民，若是未經養成這種精神，講什麼立憲共和，豈非南轅北轍。這幾年來，國民對於議員，很有點不滿意，在議員自身，固然是要猛醒，但根本責任，仍在國民。議員不是國民一分子嗎？有這種國民，自然有這種議員，換一位去，換一位來，暮四朝三，還是一樣，不責備自己，單責備議員，根本就是錯謬。我勸我國民快些自覺罷，從這裏下一番苦功啊。不然，我們要應那組織國家的試驗，便換了一百個題目，也是要落第哩。客論少發，言歸本題，這回討論，不用問自然知道定是野黨失敗，因爲右邊坐着黑壓壓的一大堆，左邊疏疏落落像幾點辰星，形勢太過懸絕了。但是他們的少數黨，明知他的主張決無通過之望，依然是接二連三把他提出，還演說得淋漓盡致（那多數黨明知自己一定得勝，却從沒有恃強壓制，令敵黨不能言盡，總要彼此痛痛快快辯論一番，纔給他一個否決）就中國人眼光看來，他們眞算是獃子，分明是沒有結果的提案，翻來覆去的說他，豈非都是廢話，那裏知道英國憲政所以日進無疆，都是爲此。還記得當十九世紀初年，急進黨只有一名議員在議會，他就把普通選舉法案提出，當然是立刻否決了，明年又一字不易的提出，年年否決，年年提出，如是者一連七年，像吾們絕頂聰明的中國人，斷不會做這種笨事。你說笨嗎！今日何如？普通選舉，不是成了全世界的天經地義嗎！他們一種主張，絕不希望立刻成功，只要將他成了一個問題，喚起國民注意，慢慢的造成輿論。乃知孔子的『知其不可而爲之』，墨子的『雖天下不取，强聒而不舍』，眞是有道理。笨的英國人所以能成功，聰明的中國人所以沒出息，所爭就在這一點哩。

實用新聞學

謝六逸編

(例四)巴力門逸話

巴力門許多瑣碎的習慣，就外國人眼光看來，覺得不可解，其實處處都可以看得出英國人的特性格。他那議長戴着斑白的假頭髮，披着純黑的大架裟，那祕書服裝也是一樣，像戲台上扮的什麼脚色。議長的名號，不叫做『伯里璽天德』，不叫做『赤亞門』，却叫做『士壁架』，翻譯起來，就是『說話人』的意味，因爲從前國王向議會要錢，總是找他說話，得了這個名，至今不改。最奇怪的，下院議員七百零七名議席却只有五百九十六號，若是全體都出席，便有一百一十一人沒有坐處。這種不合情理的過節，改正他並非甚難，英國却不管，還是那老樣子。我中英兩國，向來都以保守著名，但我們中國人所保守的和英國正相反。中國人最喜歡換招牌，抄幾條憲法，便算立憲，改一個年號，便算共和，至於政治社會的內容，連骨帶肉都是前清那個舊軀殼。英國人內部是不斷的新陳代謝，實際上時時刻刻在那裏革命，却是那古香古色的老牌，甯死也不肯換，時髦算是極了，頑固也頑固極了。巴力門裏頭，最神聖的是『阿達』這個字（原意訓秩序，此處含意稍廣，泛指規則）議員言動，有些兒違犯規則，『阿達』『阿達』的聲浪便四座怒鳴。若從議長口中說出『阿達』這個字來，無論議場若何喧嘩，立刻就變肅靜。他們的『阿達』却從沒有第幾條第幾項寫在紙上，問他有多少『阿達』，『阿達』的來歷如何？沒有人能彀回答。試舉他幾個例：從前有位新到議員，初次演說，開口就說了一聲『諸君』，便到處叫起『阿達』來了，因爲他的『阿達』，凡有演說，都是對議長說話，不是對議員說話，所以頭一句只能說『士壁架』，不能說『諸君』。因此之故，若是有人在演說時，你若向他前面走過，便犯了『阿達』，因爲把他聲浪隔斷，怕『士壁架先生』聽不眞了。『阿達』中最不可思議的，是他們絲織高頭帽，他們穿什麼衣服，是絕對自由，惟有這頂高頭帽，非戴不可。爲這頂帽子，那老政治家格蘭斯頓，就鬧了兩回笑話。原來他們的「阿達」，每到議案採決時，先行搖鈴，隔兩分鐘搖一次，三次後會員都要齊集廊下分立左右以定可否。格翁正在洗澡（院內有浴室），鈴響起來，換衣服，萬趕不及，只得身披浴衣，頭戴高帽，飛奔出來，惹得哄堂大笑。他們的「阿達」，尋常演說是光着頭的，惟有當採決鈴聲已響，臨時提出動議，那提出人必要戴高帽演說。有一回格翁又鬧亂子了，他提出這種動議却忘記戴帽，忽然前後左右都起「阿達」來，他找他的帽子又找不着，急忙忙把旁座的戴上。格翁是個有名的大腦袋，那高帽便像大冬瓜頭上放着個漱口盂，又是一場哄堂大笑。還有好笑的，那戲裝打扮的議長，這高頭帽也預備。要來什麼用呢？原來巴力門採決的法定人數要四十名，剛出一名不足時，議長就來湊數，六分鐘搖鈴三次，每次鈴響後，議長點數目，一，二，三，點到第四十，他就把高帽戴在假頭髮上，高呼「四十」你想這種情形，不是眞有點像唱戲嗎？他們又有一個「阿達」，每次散會，總是議員動議，議長宣告。有一天議員個個忘了動議，竟自鳥獸散了，弄得議長一個人在那神龕裏（議長席）坐到三更，幸虧一個院內守夜的走過，問起來由，纔到處找得一位議員進來，正式動議，議長然後正式宣告散會，你說好笑不好笑呢？咦！諸君莫笑，這種瑣瑣碎碎的情節，就是英國人法治精神的好標本，『英國國旗永遠看不見日落，』都是從這『阿達神聖』的觀念贏得來哩。我方纔說，英國人愛政治活動就像愛打球，同是一種團體競技頑意兒，須他們打球也是最講規則的，不遵重規則，就再沒有人肯和他頑了。就算中國人打牌，也有種種規則，若打輸了就推翻桌子，還成話嗎？我們辦了幾年共和政治，演的都是翻桌子把戲，這却從何說起。他們不制定一種法律便罷，一經制定，便神聖不可侵犯，非經一定程序改廢之後，最是有絕對效力，無論何人都要服從。所以他們對於立法事業，絲毫不肯放過，人民有了立法權，就算有了自由，都是爲此。若是法律定了不算賬，白紙上灑些黑墨來哄人，方便自己的是他，不方便的就隨時抹殺，那麼何必要些法律？就有了立法權又中何用呢？講到這一點，那些半野蠻未開化的軍法不足責了，就是我們高談憲政的一派人，也不能不分担責任。因爲他們蔑法的舉動，我雖然不是共犯，但一時爲意氣所蔽，竟有點不以爲非了，就只一點，便是對國民負了莫大罪惡。我如今覺悟過來了，所以要趁個機會，向國民痛徹懺悔一番，並要勸我們朋友輩，從此洗心革面，自己先要把法治精神培養好了，纔配談政治哩。一面還要奉勸高談護法的一派人，也注意這種精神修養。若是拿護法做個招牌，骨子裏面是方便自己的法律就要他，不方便的隨時抹殺，那罪惡豈不是越發深重嗎？總之我自從這回到歐洲，纔覺得中國人法律神聖的觀念，連根芽都還沒有，既沒有這種觀念，自然沒有組織能力，豈但政治一場糊塗，即社會事業，亦何從辦起。唉！我國民快點自懺啊！快點自懺啊！

右例二，例三，例四均爲我國已故政論家梁啓超氏的手筆，三篇的內容都是記叙英國議會情形的，但他有三種不同的主旨。例二在使我國人知道英國新國會的情形，故他的態度極冷靜。例三，他將較爲熱烈的事件記出使，人感動。例四，內容全爲有趣的事實，閱之令人歡欣。此三篇記事，均爲最佳的「特載的新聞記事」。又我國名記者黃遠庸亦爲寫「特載的新聞記事」的名手，茲引其「喜日日記」，借作觀摩。

（例五）囍日日記（民國二年十月十七日作）

（其一）

俗語有所謂重喜日或雙喜日者，若中華民國二年十月初十日，可謂之重喜日，或雙喜日矣。蓋大總統就職是此日，共和紀念國慶日亦此日也。其爲吾民國永遠紀念之日矣。

然此最可紀念之日，吾曹新聞記者乃有兩重厄運，一慶祝大總統就職之慶祝員，須穿大體服，是日（初十日）晚間外交部茶會，又須穿晚體服。保存國粹之吾曹，向以對襟馬褂爲大體服者，至此乃不能不東西借湊成兩套之禮服，其困難不下於借款矣。

十日午前八時起床後，微雨滴瀝，而疇昔之夜，大雨傾盆，街市中泥深三尺矣，吾曹乃如古禮壯者之始，第一次冠戴高帽子，第一次穿大禮服，御車而出，繞順治門入御河橋赴北海，由金鰲玉蝀（北海中牌樓之名）而出，蜿蜒以至於西華門之午門，蓋前門一帶路線，因閱兵而暫絕交通故也。沿途以雨故，行人殊稀。余之前有一馬車一騾車，皆赴參禮者，而最奇異者，此騾車乃奔迅於馬車，余之洋車，其速亦不下於騾。蓋是日全城馬車賃貸一空，余之不知姓名之同伴，乃不能不雇此緩於騾車之馬車以往，亦足見事到緊急關頭，則騾車亦可當作馬車跑，視御者何如耳。

至御河橋一帶，則車馬漸多漸魚貫，警衛之軍警亦漸盛，沿途皆樹榜示，告行人以赴西華門者從此路，從此路。余最所感佩於北京警察者，即此等處矣。

至西華門下車後，門前有金服輝煌之警衛，有禮服燦爛之部員，共同查驗——查驗慶祝員券，查驗警衛門證，查驗徽章，吾儕乃深知泰西古人制作大禮服之妙用，蓋非此即無許多口袋，懷藏如許證券也。一金冠者，驗余慶祝券而詳讀之曰，「職位——新聞記者黃遠生」乃與余目禮而進之。吾乃私心喜自負爲此金冠之武士，實對於新聞記者加以尊禮，以余等職位至尊故也。

入門步行，則見無數之戴高帽子着禮服者之三三五五而進，亦有愛惜大禮服而遮袢傘者。既入門，兩側左右皆行政官司法官休息室，中階之右側，則議員休息室，中外新聞記者休息室，蒙藏市民代表室，又銀行團休息室；則在議員與新聞記者之間。余笑謂一議員曰，吾曹與諸君同是輿論機關，接席而居，差可無慚，若彼銀行團者，吾曹敢與之比肩哉！

中外新聞記者休息室中，日本人略多，歐人殊稀。內務部對於各休息室皆派招待，余是日因穿大禮服，適忘帶紙烟，乃向招待員乞一紙烟，吾人因此一紙烟之微，乃不能不佩內務部之德政也。

雜談幻想之中，視時表已十時十餘分，而總統至矣，導以金冠藍服持戟之武士約二三百人，總統乘八人肩輿，復導以四輿，卽侍從文官梁士詒，夏壽田，侍從武官軍事處總長蔭昌次長唐在禮是也。